古典文獻研究輯刊

三二編

潘美月・杜潔祥 主編

第43冊

南宋戲謔詩校注
（第六冊）

張福清 著

國家圖書館出版品預行編目資料

南宋戲謔詩校注（第六冊）／張福清 著 -- 初版 -- 新北市：
花木蘭文化事業有限公司，2021〔民 110〕
目 2+180 面；19×26 公分
（古典文獻研究輯刊 三二編；第 43 冊）
ISBN 978-986-518-424-7（精裝）
1. 宋詩 2. 詩話
011.08   110000636

ISBN-978-986-518-424-7

9 789865 184247

古典文獻研究輯刊
三二編　第四三冊　　　　　　　ISBN：978-986-518-424-7

南宋戲謔詩校注（第六冊）

作　　者　張福清
主　　編　潘美月、杜潔祥
總 編 輯　杜潔祥
副總編輯　楊嘉樂
編　　輯　許郁翎、張雅淋　美術編輯　陳逸婷
出　　版　花木蘭文化事業有限公司
發 行 人　高小娟
聯絡地址　235 新北市中和區中安街七二號十三樓
　　　　　電話：02-2923-1455／傳真：02-2923-1452
網　　址　http://www.huamulan.tw 信箱 service@huamulans.com
印　　刷　普羅文化出版廣告事業
初　　版　2021 年 3 月
全書字數　687400 字
定　　價　三二編 47 冊（精裝）台幣 120,000 元　　版權所有 · 請勿翻印

南宋戲謔詩校注
（第六冊）

張福清　著

目

次

卷二十七

王 遂

王遂，初字穎叔，改字去非，號實齋，王萬樞第三子。金壇（今屬江蘇）人。寧宗嘉泰二年（1202年）進士，歷任知邵武軍兼福建招捕司參議官、知安豐軍、四川安撫制置副使兼知成都府等職。累官至工部尚書，以龍圖閣直學士致仕。有《實齋文稿》，已佚。今錄戲謔詩1首。

戲題胡淡庵諫和書後〔1〕

溪翁死後諫書焚〔2〕，怪得和戎近有孫。寄語岳家新宰士〔3〕，當時謝表幾行存。

〔校注〕

〔1〕胡淡庵：即胡銓（1102～1180），字邦衡，號淡庵，廬陵人，建炎二年（1128）進士，任樞密院編修官。固堅持抗金，上書請宋高宗殺求和者秦檜，由是被誣羈押新州七年。終官工部侍郎。著《淡庵集》等。

〔2〕溪，《全宋詩》校：疑當作「淡」字。　　溪翁：疑指李彌遜（1085～1153），字似之，自號筠溪翁，蘇州吳縣（今屬江蘇）人。反對議和忤秦檜，乞歸田。晚年隱居連江（今屬福建）西山。有《筠溪集》。

〔3〕宰士：（漢）丞相屬官別稱。如漢丞相長史、丞相司直等。宋章如愚《群書考索·後集》卷二二《漢官》：「丞相掾史稱宰士。」北宋前期中書門下堂後官別稱。宋胡宿《文恭集》卷一四《張初平可大理寺丞充堂後官制》：「屬宰士之缺員……擢為廷尉之丞，置於相府之掾。」

錢　時

　　錢時（1175～1244），字子是，號融堂，嚴州淳安（今屬浙江）人。早年從楊簡學，為朱熹所重。江東提刑袁甫建象山書院，招主講席。其學大抵發明人心，議論宏偉，指謫痛快，聞者皆獲其益。理宗嘉熙元年（1237），以布衣召見，賜進士出身，授秘閣校勘，召為史館檢閱，預修國史。求去，授江東帥屬歸，居鄉蜀阜玉屏街北山之岡，創融堂書院著述講學。著有《四書管見》《周易釋傳》《尚書演義》《學詩管見》《春秋大旨》《融堂書解》《兩漢筆記》《蜀阜存稿》等。今錄戲謔詩 2 首。

比同諸友聯轡湖邊終日不能一詩戲用前韻

其一

　　曉出錢塘趁好晴，五花雲散馬蹄春。湖邊此日詩無數，不屬推敲覓句人。

其二

　　少日詩如雨不晴，恨無題目可酬春。今朝到卻西湖上，無奈詩何盡讓人

華　岳

　　華岳（？～1221），字子西，號翠微，貴池（今安徽貴池）人。武科出身，輕財好俠，不懼權臣。開禧元年（1205）韓佗冑當國，岳以武學生上書請誅韓佗冑、蘇師旦等，下大理獄，監管建寧。佗冑誅，始得以放還。後任職殿前司官屬時，因圖謀除去奸相史彌遠，事發下獄，杖死東市。詩粗豪使氣，有《翠微南征錄》。今錄戲謔詩 12 首。

嘲熱

　　南方有神名祝融〔1〕，發赭面丹脣朱紅。執鞭入海驅赤龍，火車勒駕燒長空〔2〕。千驂萬乘如聯轡，烈焰騰騰灼天地。九霄烜赫皆甑蒸〔3〕，四海煎熬俱鼎沸。流金爍石氣不通，天下俱在紅爐中。葛衫襟濕疑有雨，羅紈柄折渾無風〔4〕。祝融祝融毋太酷，天道炎涼嘗反覆。看看少皥催成瓜〔5〕，盡把涼風散煩溽〔6〕。

〔校注〕

〔1〕祝融：火神。《左傳》昭公二十九年：火正曰祝融。《淮南子·時則訓》：「赤帝祝融之所司者」。祝融，顓頊之孫，亦名黎，為高辛氏火正，死為火神也。

〔2〕駕，張校：郎本作「馬」。

〔3〕烜（xuǎn）赫：輝耀。甑（zèng）蒸：把蒸桶放到鍋上用水蒸氣加熱。

〔4〕羅紈：精美的絲絹。

〔5〕少皥：上古帝名。少皥，金天氏。《禮記·月令》孟秋之月：「其帝少皥，其神蓐收。」鄭玄注：「此白精之君，金官之臣。自古以來，著德立功者也。少皥，金天氏。蓐收，少皥氏之子曰該，屬金官。」《左傳·昭二十九年》：「少皥氏

有四叔：曰重、曰該、曰修、曰熙。實能金、木及水。使重為句芒，該為蓐收，修及熙為玄冥。」杜預注：蓐收，「金正」，即金官。　　戌瓜：《左傳》：「齊侯使連稱、管至父戌葵丘。瓜時而往，曰：『及瓜而代。』期戌，公問不至。請代，弗許。故謀作亂。」後遂且「瓜代」指官吏到任期滿由他人接替；用「瓜期、瓜戌、瓜時、及瓜」等指官吏就任或任期屆滿。

〔6〕煩溽：悶熱。

誚胡同巡〔1〕

　　岳昔遊時卿，兄嘗過敝廬。捫心論事業，耐久良非虛。岳今隸城旦，氣象誠慘舒。髡黥塞糞壤〔2〕，敢辱長者車〔3〕。嘗聞古人交，窮達無親疏。富貴不相忘，有終還有初。與兄三載別，無日不引裾。中間喜一見，欣慰云何如。相去天一涯，雲濤疏鴈魚。忽聞夙駕回〔4〕，喜色喧門閭。相聞即相別，厥意良躊躇。嘗聞郢中人，結客於樵漁。又聞淮南王，受德於刑餘。岳既不自檢，失身墮簾篨〔5〕。壯士視一死，其猶爾歕歔。勢分已霄壤，孤託難相於。願兄此召還，巍然奉中除。前岩與西閣，談笑看連茹〔6〕。或過趙可父〔7〕，為岳聲起居。薰風有良便，當拜平安書。

〔校注〕

〔1〕自注：「同巡名瑾，向與岳最善。忽自潮陽回，見僕坐城旦之地，遂不相過，以詩誚之。」

〔2〕髡（kūn）：古代剃除男子頭髮的刑罰。黥（qíng）：古代在人臉上刺字並塗墨之刑，後亦施於士兵以防逃跑。

〔3〕長者車：顯貴所乘之車。語本《史記·陳丞相世家》：「（陳平）家乃負郭窮巷，以弊席為門，然門外多有長者車轍。」杜甫《對雨書懷走邀許十一簿公》：「座對賢人酒，門聽長者車。」

〔4〕夙，《全宋詩》校：「原作風，據抄本改。」

〔5〕簾篨（qú chú）：古代指用竹子或葦子編的粗席。

〔6〕連茹：《周易·泰卦》：「初九，拔茅茹，以其彙，征吉。」《周易·否卦》：「初六，拔茅茹，以其彙，貞吉亨。」唐孔穎達疏。「猶若拔茅牽連其根相茹也。已若不進，余皆從之，故云拔茅茹也。」三國魏王弼注。「茅之為物拔其根而相牽引者也。茹，相牽引之貌也。」後因以「連茹」比喻仕途共進。權德輿詩：「常時望連茹，今日劇懸旌。」「左掖期連茹，南宮愧積薪。」

〔7〕趙可父：華岳《戲呈趙可父》自注：「可父以法曹入幕，明年為鎖試第一。是
　　冬，正欲遣使議和。」《翠微南征錄北征錄合集》對自注校云「吳批本眉批：
　　『刻本呈趙可父法曹，無注。』」

出郭〔1〕

十客聯鑣出北門，馬蹄剗盡碧苔痕。從教管史占星聚，且聽杯人和
月吞。我欲求仙問離坎，君當隨佛整乾坤。樽前慷慨休辭醉，明日有懷
誰共論〔2〕。

〔校注〕

〔1〕自注：「十客出郭，中有自稱為隨佛下生者，就嘲之。」
〔2〕日，《全宋詩》「張校：郎本作月。」

自歎〔1〕

自歎身謀我獨疏，只貪風月恣歡娛。杯盤遇客隨多寡，囊橐何時問
有無〔2〕。萬里梯航無罥罣〔3〕，十年牆屋有穿窬。從今老去無他望，綠
綺一張醪一壺〔4〕。

〔校注〕

〔1〕自注：「次黃魁韻」。
〔2〕囊橐（tuó）：口袋；袋子。用於貯物。
〔3〕罥罣（juàn guà）：纏繞懸掛。
〔4〕綠綺：傳世名琴。唐徐堅《初學記》卷十六：「《梁武帝纂要》：綠綺，司馬相
　　如琴。」宋虞汝明《古琴疏》：「司馬相如作《如意賦》，梁王悅之，賜以綠綺
　　之琴、文木之几、犬餘之珠。琴銘曰：桐梓之精。」陸游詩：「綠綺聲中酒半
　　消」，司馬相如有綠綺琴，故後人即以綠綺名琴。

戲呈趙可父〔1〕

少年場屋擅詞鋒，審讞無私只奉公。夜月蘭宮無宿曜，秋霜蓮幕有
春風。明堂難毀周公制〔2〕，鄉校猶存子產功〔3〕。文德自來能服遠，更
煩劉向為和戎。

〔校注〕

〔1〕自注：「可父以法曹入幕，明年為鎖試第一。是冬正欲遣使議和。」

〔2〕周公制：周公制禮樂。

〔3〕鄉校：鄉學。子產：春秋時期鄭國大夫公孫僑，字子產。韓愈有《子產不毀鄉校頌》。

雪中呈劉子沖〔1〕

朔風卷水入天渠，剪作飛花散六虛。竹本無聲緣葉密，梅因有影怕花疏。路從玉鑒上頭過，家在冰壺裏面居。欲作一詩撩謝女，不知為況近何如。

〔校注〕

〔1〕自注：「子沖嘗為東山之遊，因嘲之。」

雪中有戲〔1〕

一夜風神揭海神，盡將純素掩丹青。四圍白壁成千嶂，萬里紅塵沒一星。搭岸柳條橫玉帶，壓牆梅萼上銀屏。好將今日平淮策，說與當年李愬聽。

〔校注〕

〔1〕自注：「是歲有神馬坡、樊城之役，辱桐柏柳元用賜，書以寄之。」

嘲曹掾友人〔1〕

世態年來日日新，宦途澆薄更驚人。闕期動徹連三政，選調無疑費百緡。是吏有囊盛短卷，非財無藥療長貧。參軍也勝陶彭澤〔2〕，且糶官糧醉幾巡〔3〕。

〔校注〕

〔1〕自注：「曹掾有友人者，每對客云：待次幾年，所費錢千。偶承惠詩，時次其韻，微寓箴切之意。」

〔2〕陶彭澤：指陶淵明，曾擔任彭澤縣令。

〔3〕糶（tiào）：賣糧食。

嘲熱〔1〕

赤帝乘龍駕火車，晴空燒斷暮天霞。流金爍石休相酷，少埠看看催成瓜。

〔校注〕

〔1〕自注：「張季卿詩云：『甘傍青門學種瓜』，次其韻。」

矮齋雜詠（二十首其一）

嘲染鬚者

萬事關心兩鬢秋，柳灰何用苦文羞。無情霜雪催年少，閒似青山猶白頭。

嘲賀將仕〔1〕

其一

花何太喜誰能賦，葉是良媒解寄詩。但覺人間傳盛事，不知天上集佳期。

其二

吾身西圉拘猶少，君腹東床坦已多〔2〕。我欲屠牛窮建節〔3〕，君從歡燕小登科。

〔校注〕

〔1〕自注：「二首。賀兄燕爾，翠微繫獄，不克詣賀，以詩嘲之。」

〔2〕東床：《晉書‧王羲之傳》：「時太尉郗鑒使門生求女婿於導，導令就東廂遍觀子弟。門生歸，謂鑒曰：『王氏諸少並佳，然聞信至，或自矜持。唯一人在東床坦腹食，獨若不聞。』」鑒曰：「正此佳婿也。」訪之，乃羲之也，遂以女妻之。」後來凡是稱謂女婿就叫「坦腹東床」或「東床快婿」，含讚美之意。

〔3〕建節：執持符節。古代使臣受命，必建節以為憑信。《史記‧司馬相如列傳》：「（天子）乃拜相如為中郎將，建節往使。」

洪諮夔

洪諮夔（1176～1236），字舜俞，號平齋，於潛（今浙江臨安）人。寧宗嘉泰二年（1202）進士，授如皋主簿，又應博學宏詞科，歷官成都通判、金部員外郎、監察御史，為人疾惡如仇、敢於彈劾姦佞。後為刑部尚書、知制誥，加端明殿學士。曾作《大治賦》，被樓鑰所賞識。著有《春秋說》三十卷、《平齋文集》三十二卷、《平齋詞》一卷等。今錄戲謔詩 3 首。

鏡月酒後戲呈及甫〔1〕

判取琅璫醉〔2〕，贏教胡塗眠。參橫梅下客，月淡菊中仙。〔3〕舌在君何患，尻高我自憐。岷峨如許碧，強欲為人妍。

〔校注〕

〔1〕及甫：程及甫，餘不詳。洪諮夔有《遇風出陸金陵道中次程及甫韻》《答程及甫徐少望》等詩。

〔2〕琅璫：猶郎當。潦倒貌。

〔3〕自注：成都學宮有菊花仙祠。

徒然萬里行所得惟一莊王翬父泥溪別時語也戲足成四十字以寄〔1〕

徒然萬里行，所得惟一莊。莊中果何有，蕎赤蘗菽黃。豐歲誰可口，凶年或充腸。旦旦勤櫛耨，謹勿令莊荒。

〔校注〕

〔1〕王翬父：不詳。

顏延年三月三日率爾成詩前詩重韻太率可笑 [1]

　　過盡風波灩澦堆，一閒無夢到宮槐。迎頭寒食清明近，入手櫻桃芍藥來。率爾成詩聊意達，快然自足亦顏開。期君曲水芳林序，花裏傳宣火急催。

〔校注〕

〔1〕顏延年：顏延之，字延年，南朝宋臨沂人。文章之美，冠絕當時，與謝靈運齊名。宋初為太子舍人，歷始安、永嘉二郡太守，官至金紫光祿大夫。嗜酒，天子曾召之，不見，但於酒店狂歌，他日醉醒，乃見。《文選》卷四十六有顏延年《三月三日曲水詩序》一篇。

鄭清之

鄭清之（1176～1251），字德源，別號安晚，初名燮，字文叔。鄞縣（今浙江寧波）人。寧宗嘉定十年（1217）進士，後官拜右丞相兼樞密使，進左丞相。封申國公、衛國公、越國公。著有《安晚堂集》六十卷，已殘，存卷六至卷十二。今錄戲謔詩 42 首。

臂疼醫令灼艾戲成

幻體當如泡影觀〔1〕，法身清淨本堅完。四千八萬陀羅臂〔2〕，艾炷教君何處安。

〔校注〕

〔1〕泡影：佛教用以比喻事物的虛幻不實，生滅無常。後比喻落空的事情或希望。

〔2〕即「八萬四千母陀羅臂」。省「母」字，母陀羅譯為寶印，即手結之各種印契。此節為「妙容說咒」，前有「二臂、四臂、六臂、八臂、十臂、十二臂、十四、十六、十八、二十至二十四，如是乃至一百八臂，千臂、萬臂、八萬四千母陀羅臂。」臂以能提攜為用，菩薩以權智手，提拔眾生出生死海，到達涅槃彼岸。二臂表權實二智、四臂表四智（即轉八識所成之成所作智、妙觀察智、平等性智、大圓鏡智），六臂表六波羅蜜，八臂表八正道，十臂表十力，十二臂表自行六度及化他六道，十四臂表自行七覺支及化他七覺菩提，十六臂表自行八正道及化他八正道，十八臂表十八不共法，二十臂表十身十力，二十四臂表十八不共法及六波羅蜜。

臂疼自砭

雲長鑿骨未為奇，斷臂亭亭對祖師。萬法從心當自省，個中冷暖有魚知。

感風悶坐戲成六言一首示雲岑

夢覺無兩莊子〔1〕，是非只一東坡〔2〕。顏淵簞食為樂〔3〕，啟期帶索行歌〔4〕。魯侯不遇天也〔5〕，伯僚其如命何〔6〕。世事如棋新局，人生落葉辭柯〔7〕。誰人見張平叔〔8〕，何處覓藍采和〔9〕。且服單方妙藥，般若波羅蜜多〔10〕。

〔校注〕

〔1〕莊子：道家代表人物。

〔2〕東坡：指蘇軾。

〔3〕簞食：是指裝在簞笥裏的飯食。簡陋的飯食。

〔4〕啟期：指春秋時隱士榮啟期。榮啟期隱居不仕，安貧樂道。嘗言自己有三樂：一樂生而為人：二樂得為男子；三樂享年九十五。後因以「啟期」為詠安貧樂道者之典。元稹《放言五首》之四：「孫登不語啟期樂，各自當情各自歡。」帶索：以繩索為衣帶。形容貧寒清苦。

〔5〕魯侯：《孟子·梁惠王》：孟子說：我不被魯侯接見，是天意。意思是有能力的人暫時低迷應該安於天命，不應該抱怨。

〔6〕伯僚：指公伯僚。《論語·憲問第十四》：公伯僚在季孫面前譖謗子路。「子曰：『道之將行也與，命也；道之將廢也與，命也。公伯僚其如命何！』」

〔7〕辭柯：樹葉從樹枝上飄落。又比喻象落葉一樣飄零散盡。

〔8〕張平叔：指道教南宗大師張伯端。

〔9〕藍采和：指傳說中的八仙之一，道教神仙。

〔10〕般若波羅蜜多：指眾生乘著智慧的大船，到達真正快樂的彼岸。

冬瓜

剪剪黃花秋後春，霜皮露葉護長身。生來籠統君休笑〔1〕，腹裏能容數百人。

〔校注〕

〔1〕籠統：大而臃腫。

八月初五夢桃杏枝上皆小蕊頃刻間一花先開既而次第皆拆色殊紅鮮可愛夢中為賦一詩覺但記其第二句戲足成之

天孫紅錦淺深裁[1]，為惜芳苞未肯開。爭奈東風披拂甚，枝頭次第吐香腮。

〔校注〕

〔1〕天孫：即織女星。古星名。共三星，屬天市垣，在銀河西，與河東牽牛星相對。神話傳說謂織女為天帝孫女，常年織造雲錦，自嫁與牛郎後，織乃中斷。天帝大怒，責令其與牛郎分離，只准每年七夕（陰曆七月七日）相會一次。《詩·小雅·大東》：「跂彼織女，終日七襄。」漢應劭《風俗通》佚文十四：「織女七夕當渡河，使鵲為橋。」《文選·曹植〈洛神賦〉》「歎匏瓜之無匹兮，詠牽牛之獨處」李善注引三國魏曹植《九詠注》：「牽牛為夫，織女為婦。牽牛、織女之星各處河鼓之旁，七月七日，乃得一會。」

食蛤戲成

滿殼濡潮汐，因沙產海湄[1]。文身吳太伯[2]，緘口魯銅人[3]。雀化宜分雋[4]，蛙烹肯擬倫[5]。試呈饕賦手，半熟酒含津。

〔校注〕

〔1〕海湄：海邊。

〔2〕吳太伯：吳國第一代君主。姓姬，吳氏，名泰伯，商末岐山（在今陝西）周部落首領古公亶父（即周太王）長子。太王欲傳位季歷及其子昌（即周文王），太伯乃與仲雍讓位三弟季歷，而出逃至荊蠻，號勾吳。《史記·周本紀》：「（古公亶父）長子太伯、虞仲知古公欲立季歷以傳昌，乃二人亡如荊蠻，文身斷髮，以讓季歷。」裴駰集解引應劭曰：「常在水中，故斷其髮，文其身，以像龍子，故不見傷害。」

〔3〕漢劉向《說苑·敬慎》：「孔子之周，觀於太廟，右階之前，有金人焉。三緘其口。而銘其背曰：『古之慎言人，戒之哉，戒之哉！無多言，多言多敗。』」

〔4〕雋：鳥肉肥美，味道好。

〔5〕自注：「蛙大者名風蛤。」　　擬倫：比擬；倫比。

睡起戲筆

范蠡功成便五湖，鴟夷未了復陶朱〔1〕。爭如終老嚴陵釣，千古清名一事無。

〔校注〕

〔1〕鴟夷：范蠡自稱「鴟夷子皮」。後來經商成富豪，又叫「陶朱公」。

育王老禪屢惠佳茗，比又攜日鑄為餉，因言久則味失，師授以焙藏之法，必有以專之，笑謂非力所及，謾成拙語解嘲，錄以為謝〔1〕

曾讀茶經如讀律，一物不備茶不出。未論煮瀹應節度，第一收藏在堅密。摘鮮封裹須焙芳，濕蒸為寇防侵疆。朝屯暮蒙要微火〔2〕，九轉溫養如丹房〔3〕。育王老慧老茶事，新授秘訣乃如此。幾番惠我先春芽，揭來細問茶何似。我初謂師茶絕奇，十日之後如飲糜。頗疑緇俗果異撰〔4〕，良苦輒為居所移。吾言未終師絕叫，為茶傳法恨不早。綺疏應合有司存〔5〕，料理如前毋草草。對師大笑面欲靴〔6〕，三年宰相食無鮭〔7〕。長鬚赤腳供井臼〔8〕，荒寒政類山人家。屝屨炊盡瓶笙吼〔9〕，何曾敲雪春雲走。不如時扣趙州門〔10〕，侍者可人長摸首。

〔校注〕

〔1〕日鑄：山名。在浙江省紹興縣。以產茶著稱，所產之茶即以「日鑄」為名。

〔2〕屯、蒙：《易》之《屯》卦和《蒙》卦的並稱。萬物初生稚弱的樣子。

〔3〕九轉：道教謂丹的煉製有一至九轉之別，而以九轉為貴。這裡用以形容焙茶。

〔4〕緇俗：佛徒習俗。

〔5〕綺疏：指雕刻成空心花紋的窗戶。應合：應和配合。司存：執掌；職掌。

〔6〕面欲靴：謂臉上皮膚差不多如同靴皮。形容滿臉皺紋。

〔7〕鮭：魚類菜肴的總稱。

〔8〕井臼：汲水舂米。

〔9〕屝屨：門閂。北齊顏之推《顏氏家訓·書證》：「古樂府歌《百里奚詞》曰：『百里奚，五羊皮。憶別時，烹伏雌，吹屝屨；今日富貴忘我為！』吹，當作炊煮之『炊』……然則當時貧困，並以門牡木作薪炊耳。」瓶笙：古時以瓶煎茶，微沸時發音如吹笙，故稱。

〔10〕趙州：唐代高僧從諗的代稱。俗姓郝，曹州（今山東境內）人。法名從諗，南泉普願弟子。傳揚佛教，不遺餘力，曾把「吃茶去」作為禪林法語提出。相傳

趙州曾問新到的和尚：「曾到此間？」和尚說：「曾到。」趙州說：「吃茶去。」又問另一個和尚。和尚說：「不曾到。」趙州說：「吃茶去。」院主聽到後問：「為甚曾到也云吃茶去，不曾到也云吃茶去？」趙州呼院主，院主應諾。趙州說：「吃茶去。」趙州均以「吃茶去」一句來引導弟子領悟禪的奧義。見《五燈會元·趙州從諗禪師》。

舊冬得蔞蒿數十根，植之舍傍，今春遂可採擷，輒持犴黃堂，拙語先之，聊發一笑〔1〕

蔞蒿見錄爾雅篇，族譜系出荊楚壖〔2〕。居人採擷不論錢，橫道躪轢如車前〔3〕。物有貴賤所遇然，雞壅豕苓以帝言〔4〕。世間何有正味焉，耆芰昌歜性所便〔5〕。冰壺先生虀甕傳〔6〕，敢驕玉食輕膏膻〔7〕。天隨酷謂杞菊賢〔8〕，一賦金石聲相宣〔9〕。玉糝羹芋稱蘇仙〔10〕，天上酥酡能比肩〔11〕。憶昔客授湘湖偏〔12〕，乍逢此蒿口流涎。嚼寒冰玉香滿咽，紺滑琉璃鳴貝編〔13〕。糁以豚膏軟如綿，脆甘豐膩潔且鮮。天花石耳羞爭妍〔14〕，木雞退飛山之巔〔15〕。笑渠芽蕨成兒拳〔16〕，岸視椶圓眉宇軒〔17〕。七菹五菜誰敢先〔18〕，獨能兄事玉版禪〔19〕。一別楚產知幾年，孤根揭來植鄞川〔20〕。春苗出土含曉煙，援條小摘喜欲癲。故人千里方言還，調芼酌之雙觥船〔21〕。枯腸慰滿藜莧緣，食芹而美不敢專。遣送兵廚羞俎籩〔22〕，噴飯一笑篔簹邊〔23〕。

〔校注〕

〔1〕犴，四庫本作餉。　蔞蒿：即蘆蒿，又名香艾、水艾等，菊科蒿屬，多年生草本植物。多生於水邊堤岸或沼澤中，有白蒿、青蒿等多種種類。《爾雅·釋草第十三》：「購蔏蔞。」郭璞注：「蔏蔞，蔞蒿也。生下田，初出可啖，江東用羹魚。」黃堂：古代太守衙中的正堂。這裡借指太守。

〔2〕壖（ruán）：水邊等處的空地或田地。

〔3〕躪轢：踐踏碾壓；蹂躪。車前：車前草，又名車輪菜，多年生草本，連花莖高達 50 釐米，具鬚根。生長在山野、路旁、花圃、河邊等地。

〔4〕雞壅：即雞頭，芡的果實。豕苓：豬苓別名。為非褶菌目多孔菌科樹花屬藥用真菌。子實體幼嫩時可食用，味道十分鮮美。其地下菌核黑色、形狀多樣，是著名中藥，有利尿治水腫之功效。帝言：指《黃帝內經》的記載。

〔5〕嗜茇:《國語・楚語上》:「屈到嗜茇。」韋昭注:「茇,菱也。」昌歜:菖蒲根的醃製品。傳說周文王嗜昌歜,孔子慕文王而食之以取味。《韓非子・難四》:「屈到嗜茇,文王嗜菖蒲葅,非正味也,而二賢尚之,所味不必美。」

〔6〕冰壺先生:林洪《山家清供・冰壺珍》云:「太宗問蘇易簡曰:『食品稱珍,何者為最?』對曰:『食無定味,適口者珍。臣心知齏汁美。』太宗笑問其故。曰:『臣一夕酷寒,擁爐燒酒,痛飲大醉,擁以重衾。忽醒,渴甚,乘月中庭,見殘雪中覆有齏盎。不暇呼童,掬雪盥手,滿飲數缶。臣此時自謂上界仙廚,鸞脯鳳脂,殆恐不及。屢欲作《冰壺先生傳》記其事,未暇也。』太宗笑而然之。後有問其方者,僕答曰:『用清麵菜湯浸以菜,並消醉渴一味耳。或不然,請問之冰壺先生。』」

〔7〕玉食:美食。膏膻:羊膏。古代調味八珍之一。《周禮・天官・庖人》:「凡用禽獻……冬行鮮羽,膳膏膻。」鄭玄注引杜子春曰:「膏膻,羊脂也。」

〔8〕天隨:天隨子,陸龜蒙別號。杞菊:枸杞與菊花。其嫩芽、葉可食。菊,或說為菊花菜,即茼蒿。陸龜蒙《杞菊賦》序:「天隨子宅荒,少牆屋,多隙地,著圖書所前後皆樹杞菊。夏苗恣肥日,得以採擷之,以供左右杯案。」

〔9〕相宣:互相映襯而顯現。

〔10〕玉糝羹芋:蘇軾《過子忽出新意,以山芋作玉糝羹,色香味奇絕,天上酥酡則不可知,人間決無此味也》詩:「莫作北海金齏膾,輕比東坡玉糝羹。」此山芋,宋人多指芋艿,如王十朋《食芋》:「我與瓜蔬味最宜,南來喜見大蹲鴟。歸與傳取東坡法,糝玉為羹且療饑。」劉子翬《芋》:「分得蹲鴟種,連根佔地腴。曉吹黏玉糝,深碗啖模糊。」也有人認為是指山藥。

〔11〕酥酡:古印度酪製食品名。宋林洪《山家清供・玉糝羹》:「東坡一夕與子由飲,醉甚,槌蘆菔爛煮,不用他料,只研白米為糝。食之,忽放箸撫几曰:『若非天竺酥酡,人間決無此味。』」林洪此處認為蘇軾所煮玉糝羹為蘿蔔羹。

〔12〕客授:在外地講授。湘湖:在今浙江蕭山。

〔13〕貝編:指佛經。因其寫於葉上,故稱。

〔14〕天花:天花菌。一種純白色的野生蘑菇。石耳:又名石壁花。為地衣門石耳科植物。

〔15〕木雞:這裡似指樹雞。樹雞,木耳的別名。

〔16〕芽蕨成兒拳:指蕨菜。

〔17〕槔:桔槔。一種原始的汲水工具。

〔18〕七菹：指韭、菁、茆、葵、芹、菭、笋七種醃菜。《周禮‧天官‧醢人》：「凡祭祀⋯⋯以五齊七醢七菹三臡實之。」五菜：指葵、韭、藿、薤、蔥。

〔19〕玉版禪：筍的別名。

〔20〕朅來：猶言來。

〔21〕調芼：做羹。觥船：容量大的飲酒器。

〔22〕兵廚：三國魏阮籍聞步兵校尉廚貯美酒數百斛，營人善釀，乃求為校尉。後因以「兵廚」代稱儲存好酒的地方。

〔23〕篔簹：一種皮薄、節長而竿高的生長在水邊的大竹子。

冬節忤寒約客默坐爇品字柴作五禽戲體中差小佳園丁以矮梅至如見東郭順子使人之意也消欣然呵靭手凍筆占數語呈劉菊坡博一笑〔1〕

其一

少日愛花螽趯趯〔2〕，老去凍蠶已休織。水村山郭一枝曉，忽到窗前三歎息。年年雪裏自作春，搖手東皇不相識〔3〕。衣冠古岸綺季至〔4〕，介冑嶙峋亞夫色〔5〕。從來魏徵真嫵媚〔6〕，要是廣平終鐵石〔7〕。月香水影兒女語，千古詩腸描不得。笑馮與可幻竹君，相對無言面深墨。

〔校注〕

〔1〕忤，四庫本作「冱」。　爇（ruò）：燒也。五禽戲：亦作「五禽嬉」。相傳為漢末名華陀首創的一種健身術。模仿五禽獸的動作和姿態，以進行肢體活動。

〔2〕花螽（zhōng）：一種昆蟲，身體綠色或褐色，善跳躍。

〔3〕東皇：天神東皇太一，主宰天空星辰，出自屈原《九歌》中的篇名。

〔4〕綺季：漢初隱士，「商山四皓」之一。後泛指隱士。秦末東園公、綺里季、夏黃公、用里先生，避秦亂，隱商山，年皆八十有餘，鬚眉皓白，時稱「商山四皓」。

〔5〕介冑：鎧甲和頭盔。《史記‧平津侯主父列傳》：「介冑生蟣虱，民無所告愬。」亞夫：指周亞夫，西漢時期的著名將軍，治軍嚴謹，有平定七國之亂之功。

〔6〕徵，原作證，據四庫本改。　魏徵：唐朝政治家，以直諫敢言著稱，是中國史上最負盛名的諫臣。嫵媚：愛悅；取悅。唐韓愈《永貞行》：「狐鳴梟躁爭署置，睗睒跳踉相嫵媚。」

〔7〕廣平鐵石：廣平，唐宋璟的別號。玄宗時名相，耿介有大節，以剛正不阿著
　　稱於世。因曾封廣平郡公，故名。皮日休《桃花賦》：「余嘗慕宋廣平之為相，
　　貞姿勁質，剛態毅狀，疑其鐵腸石心，不解吐婉媚辭，然睹其文而有梅花賦，
　　清便富豔，得南朝徐庾體，殊不類其為人也。後蘇相公味道得而稱之，廣平
　　之名遂振。」清人余懷《板橋雜記・軼事》：「雖宋廣平鐵石心腸，不能不為
　　梅花作賦也。」愄，底本原注云一作「悟」。詩後自注：「宋丈前篇乃用施朱
　　粉事。」

其二

　　雪毛舞風學喓趯〔1〕，凍落天孫碎雲織。玉肌不粟彭祖方〔2〕，戲挾
奇芬笑安息。生憎萬花肯同調，嗤點壽陽聊半識〔3〕。結根不向青桂宮，
絕交月姊無難色〔4〕。誰能柔此老強項〔5〕，朝暮隆隆轉媧石。春風為媒
懶結子，來訪苔痕娛夢得。人間要覓爾許清，語渠肉食乃無墨〔6〕。

〔校注〕

〔1〕喓趯：《詩經・召南・草蟲》：「喓喓草蟲，趯趯阜螽。」喓喓（yāo）：昆蟲鳴
　　叫的聲音。趯趯（tì）：昆蟲跳躍貌。

〔2〕彭祖：傳說他善養生，有導引之術，活到八百高齡。

〔3〕嗤點：譏笑指謫；嘲笑挑剔。

〔4〕月姊：指傳說中的月中仙子，月宮嫦娥。

〔5〕強項：謂剛正不為威武所屈。

〔6〕無墨：指氣色不晦暗。《左傳・哀公十三年》：「司馬寅反，曰：『肉食者無墨，
　　今吳王有墨，國勝乎？太子死乎？』」

其三

　　滕六附暄墮寒力，六花未辨天機織〔1〕。籬菊老盡蘭始芽，凌波仙子
方踵息〔2〕。水邊亭亭逢玉人，照眼縞衣如舊識〔3〕。冰霜相與厲貞操〔4〕，
蜂蝶那能犯莊色〔5〕。聽渠吹笛作商聲〔6〕，正音滿地出金石。菊坡為索
孤山詩，好句新從座中得。二君聯璧如長城，笑整雲梯再攻墨〔7〕。

〔校注〕

〔1〕滕六：傳說中雪神名。唐牛僧孺《玄怪錄・蕭志忠》：「黃冠曰：『蕭使君每役
　　人，必恤其飢寒，若祈滕六降雪，巽二起風，即不復遊獵矣。』」六花：雪花。
　　雪花結晶六瓣，故名。

〔2〕凌波仙子：水仙花的別稱。宋黃庭堅《王充道送水仙花五十枝欣然會心為之作詠》：「凌波仙子生塵襪，水上輕盈步微月。」踵息：道家煉氣養生之法。亦指呼吸徐緩深沉。

〔3〕照眼：猶耀眼。形容物體明亮或光度強。縞衣：白絹衣裳。

〔4〕冰霜：比喻操守堅貞清白。

〔5〕蜂蝶：舊時常用以借指幫襯風月的人。莊色：嚴肅的神色。宋葉適《薦舉》：「及其人之既得脫乎此也，抗顏莊色以居之。」

〔6〕商聲：五音中的商音。

〔7〕雲梯：古代攻城時攀登城牆的長梯。

其四

　　牡丹驕春醉無力，豔紫妖紅錦新織。鹿解銜花空誤唐，楚以姬歸竟亡息。何如野外挺孤操〔1〕，照水淵然有深識。昂昂雪鬢顏真卿〔2〕，何物女子稱國色。主張繁華勿復言〔3〕，如對雁門二千石。語君欲識梅花面，好向雲岩訪拾得〔4〕。語君欲作梅花詩，磨盡蓮經大千墨〔5〕。

〔校注〕

〔1〕孤操：高尚的節操。

〔2〕顏真卿：唐代書法家。字清臣，京兆萬年（今陝西西安）人。開元進士。封魯郡公，官至吏部尚書、太子太師。李希烈叛亂，被害。世稱「顏魯公」。工文詞，尤善書法。楷書雄渾，人稱「顏體」，與柳公權並稱「顏柳」。

〔3〕張，自注：去聲。　　繁華：比喻容貌美麗。復言：再發表意見。《史記·白起王翦列傳》：「已矣，將軍勿復言！」

〔4〕拾得：貞觀中，與豐干、寒山相次垂跡於國清寺。初豐干禪師遊松徑，徐步赤城道上，見一子，年可十歲。遂引至寺，付庫院。經三紀，令知食堂，每貯食滓於竹筒。寒山子來，負之而去。一夕，僧眾同夢山王云：「拾得打我。」且見山王，果有杖痕。眾大駭，及閭丘太守禮拜後，同寒山子出寺，沉跡無所。後寺僧於南峰採薪，見一僧入岩，挑鎖子骨，云取拾得舍利，方知在此岩入滅，因號為拾得岩。《全唐詩》存詩一卷。

〔5〕蓮經：《妙法蓮華經》的簡稱。大千：「大千世界」的省稱。宋釋道原《景德傳燈錄》卷九：「長老身材勿量大，笠子太小生。師云：『雖然如此大千世界總在里許。』」

其五

菊坡筆挽千鈞力，剪就冰綃出鮫織〔1〕。謫仙笑作揚州詩，鵬賦消搖六月息〔2〕。市門聊學子真隱，下坐還從季野識〔3〕。清標自是孤山姿，嬾視唐家六宮色〔4〕。芒端琢句貌疏影，竹邊著渠牛礪石。枝橫帶雪最佳處，近水清寒月先得〔5〕。語梅政可兄涪翁，凍雨浯溪打碑墨〔6〕。

〔校注〕

〔1〕冰綃：薄而潔白的絲綢。鮫織：指鮫綃。傳說中鮫人所織的綃，是一種獨特的衣服，特質「南海出鮫綃紗，入水不濡。」亦泛指薄紗。

〔2〕謫仙：指李白。鵬賦：指唐李白《大鵬賦》。消搖：逍遙，悠閒自得貌。消，通「逍」。

〔3〕子真：鄭樸的字，漢褒中人。居谷口，世號谷口子真。修道守默，漢成帝時大將軍王鳳禮聘之，不應；耕於巖石之下，名動京師。季野：褚裒（chǔ póu），字季野。河南陽翟（今河南禹縣）人。東晉時期名士、外戚。他被譽為「皮裏陽秋」，意思是說他口頭上很少褒貶，但骨子裏很能識人。

〔4〕清標：俊逸。嬾（làn）：《說文》過差也。一曰貪也。或作纜。

〔5〕此兩聯寫梅之精神氣骨。

〔6〕涪翁：宋黃庭堅別號。《愛日齋叢鈔》卷二引《復齋漫錄》：「山谷謫涪州別駕，因自號涪翁。」浯溪：在湖南永州。

廣文出新意得梅之全花實根葉譜入秀句輒效反騷一章

東風不借半分力，老樹絲窠冒寒織〔1〕。虛枝生白獨也正，夜氣歸根吹以息。個中灑灑無一塵，無眼界至無意識〔2〕。居然暗發定慧香〔3〕，不取諸相了空色〔4〕。若於此花論相好，是人如以木鑽石。吾嘗聞之老瞿曇〔5〕，無有少法為可得。我詩當以無耳聽，索梅一笑付蠅墨〔6〕。

〔校注〕

〔1〕絲窠：蜘蛛網。冒（juàn）：纏繞。

〔2〕無眼界：無眼界，乃至無意識界。這裡說的是六識：眼識、耳識、鼻識、舌識、身識、意識。無眼界是從六識開始說起，之後，耳、鼻、舌、身通通地被省略。

〔3〕慧香：《六祖壇經・懺悔品》中有將香比喻成五分法身的說法。以香來比喻，則分別將其稱為戒香、定香、慧香、解脫香、解脫知見香。三慧香，自心無礙，

常以智慧觀照自性，不造諸惡。雖修眾善，心不執著，敬上念下，矜恤孤貧，
名曰慧香。

〔4〕諸相：佛教語，指一切事物外觀的形態。

〔5〕瞿曇：指釋迦牟尼，姓瞿曇，亦譯喬答摩，名悉達多。

〔6〕蠅墨：即繩墨。木匠用來取直畫線，比喻正路。

再和

其一

青藜不解支腳力，機杼微聞隔林織。暗香來處窮幽棲，蹇驢崎嶇牛
喘息。山中欲訪隱君子，等閒未許李邕識〔1〕。同盟頗笑五大夫〔2〕，晚
節污秦有慚色。摩挲寒玉古苔蘚〔3〕，從渠喚作荊山石〔4〕。雪中素隱非
行怪，自是花間著不得。直須謫仙蘇二來〔5〕，溪藤快掃如鴻墨〔6〕。

〔校注〕

〔1〕李邕：字泰和，揚州江都（今江蘇揚州）人。李善子。歷任左拾遺、戶部員外
郎、戶部郎中、州刺史，玄宗天寶初，為汲郡、北海太守，被李林甫殺害。世
稱李北海。為人剛強激烈，累忤權貴，數遭貶斥。邕能文，尤長碑頌，並善書。

〔2〕五大夫：指五大夫松。秦始皇前往泰山封禪，登山過程中天氣驟然大變，一
顆茂盛而巨大的松樹為秦始皇遮擋風雨，秦始皇當即將這棵樹封為「五大
夫」。

〔3〕摩挲：同「摩娑」。寒玉：因為玉質寒冷，稱之「寒玉」。白居易《苦熱中寄舒
員外》詩「角枕截寒玉。」又用來比喻清冷之物。唐李賀《江南弄》詩：「江
上團團帖寒玉。」夥喻月。李群玉《引水行》「一條寒玉走秋泉。」喻水。宋
代王禹偁《竹覼》詩：「秋筠折寒玉。」寒玉喻竹。此詩中，「寒玉」應該指「水」。

〔4〕荊山石：《水經·穀水注》引《文士傳》曰：「文帝之在東宮也，宴諸文學，酒
酣，命甄后出拜。坐者咸伏，唯劉楨平視之。太祖以為不敬，送徒隸簿。後太
祖乘步牽車乘城，降閱簿作，諸徒咸敬，而楨拒坐磨石不動。太祖曰「此非劉
楨也，石如何性？」楨曰「石出荊山玄岩之下，外炳五色之章，內秉堅貞之志，
雕之不增文，磨之不加瑩。稟氣貞正，稟性自然。」太祖曰：『名豈虛哉！』
復為文學。」劉楨語意為「荊山石無論怎樣雕琢也不能使之增加文采。」比喻
秉性自然，不可更改。

〔5〕蘇二來：指蘇軾。王闢之《澠水燕談錄》卷四云：「子瞻文章議論，獨出當世。風格高邁，真謫仙人也。」黃庭堅《避暑李氏園二首》：「題詩未有驚人句，會喚謫仙蘇二來。」詩中「蘇二」就是指蘇軾，是以李白為謫仙第一，李白之後，蘇軾就是「謫仙第二」。

〔6〕溪藤：指剡溪紙。浙江剡溪所產的藤製紙最為有名。

其二

雪意賈寒欺酒力，思婦懶學迴文織〔1〕。屏山未合篆痕銷，笑倩南枝陪燕息〔2〕。冰紈絳蠟入纖手〔3〕，素臉殷跗未真識〔4〕。兒癡認作春風面，剛道杏花欠顏色。香浮紙帳夢欲醒，影到窗紗月移石。為梅著語將無同，左袒孤山未為得。吳都誇麗逸此士，十年浪費老傖墨。〔5〕

〔校注〕

〔1〕迴文織：用蘇蕙織迴文錦典。

〔2〕燕息：安息。《詩·小雅·北山》：「或燕燕居息。」毛傳：「燕燕，安息貌。」

〔3〕冰紈：一種細密潔白有光澤的平紋絲織物。紈，為高檔名貴的絲織物。

〔4〕素臉：同「素面」，指女子未施脂粉的容顏。

〔5〕自注：《吳都賦》桃松竹而不及梅。

菊坡疊遺梅什忽惠蘭芽此變風也敢借前韻效楚詞一章以謝來辱〔1〕

霜雰雰兮風乍力〔2〕，草變衰兮蚕罷織。思秋蘭兮委蕭艾〔3〕，望椒丘兮聊止息〔4〕。悵佳人兮既遠，紛吾美兮誰識。忽有人兮好修，遺予佩兮春色。茁瓊芽兮九畹〔5〕，帶杜衡兮被石〔6〕。凜增冰兮峩峩〔7〕，杳光風兮驟得〔8〕。卜蘭居兮南坡，拂余龜兮食墨〔9〕。

〔校注〕

〔1〕遺，四庫本作「遺」。

〔2〕雰雰：也作氛氛。霜雪大貌。《楚辭·九章·悲回風》：「吸湛露之浮源兮，漱凝霜之雰雰。」

〔3〕蕭艾：雜草。戰國·楚屈原《離騷》：「蘭芷變而不芳兮，今直為此蕭艾也。」
蘭芷蕭艾：由香草變為雜草。比喻人的品德由好變壞。

〔4〕椒丘：古地名。在今江西新建東北。《三國志·魏志·華歆傳》裴松之注引虞溥《江表傳》：「孫策在椒丘，遺虞翻說歆。」

〔5〕瓊芽：像翠玉一樣的芽苗。

〔6〕杜衡：亦作「莊蘅」，一種可入藥也可提取芳香油的香草。

〔7〕峩峩：亦作「峨峨」，高貌、盛狀。

〔8〕光風：雨止日出時的和風。《楚辭·招魂》：「光風轉蕙，泛崇蘭些。」王逸注：「光風，謂雨已日出而風，草木有光也。」

〔9〕食墨：龜卜術語。指灼龜時龜兆與事先畫好的墨畫相合。

適得鹵蛤頗佳，遣餉菊坡，因記曾作蛤子詩有「文身吳太伯，緘口魯銅人」之句，戲綴前語代簡

　　文身太伯甘斥鹵〔1〕，緘口銅人舌微吐。借資墨客富濡沫，骨醉唇香登燕俎〔2〕。半熟含酒老饕賦〔3〕，此翁僅可闖堂戶。班班雋永帶神液〔4〕，入室真味翁未睹。菊坡風裁黃豫章，如食蝤蛑江蟂柱。盤餐盡廢太瘦生，格遠調高自清苦。子蛤遣汝到眉案〔5〕，努力去為酒中虎〔6〕。末下鹹豉有何好，猶侶蓴羹傲傖父〔7〕。海之介夫此小兒，雞肋見笑楊德祖〔8〕。前身曾作水解仙〔9〕，飛入珠宮飲甘露。能令齒吻策餘烈，一鼎松風漱寒乳〔10〕。

〔校注〕

〔1〕斥鹵：鹽鹼地。水灌斥鹵，使生稻粱。此指荒野之地。

〔2〕濡沫，自注：鹵乃墨魚之瀋。　　燕俎：宴飲時盛食品的器具。

〔3〕饕：極貪欲。《說文》：「貪財為饕，貪食為餮。」

〔4〕班班：明顯、顯著貌。《後漢書·趙壹傳》：「余畏禁，不敢班班顯言，竊為《窮鳥賦》一篇。」

〔5〕眉案：盛食物的短足木盤。據《東觀漢記·梁鴻傳》：載：「鴻字伯鸞，與妻孟光隱居避患，適吳，依大家廡下，為賃舂。每歸，妻為具食，不敢於鴻前仰視，舉案常齊眉。」

〔6〕酒中虎，自注：「諺稱海錯鹹者為捉酒虎。」

〔7〕蓴羹：蓴菜做的羹。傖父：晉南北朝時，南人譏北人粗鄙，蔑稱之為「傖父」。

〔8〕楊德祖：楊脩（175～219），字德祖，弘農華陰（今陝西華陰東）人。《三國志·魏志·武帝紀》：「備因險拒守。」裴松之注引晉司馬彪《九州春秋》：「時王欲還，出令曰『雞肋』，官屬不知所謂。主簿楊脩便自嚴裝，人驚問脩：『何以知之？』脩曰：『夫雞肋，棄之如可惜，食之無所得，以比漢中，知王欲還也。』」

〔9〕水解：道教語。「尸解」方式之一。謂託寄於水而蛻形仙去。

〔10〕松風：指茶。蘇軾《汲江煎茶》「松風忽作瀉時聲。」

再和戲黃玉泉

黃公辭酒壚，經笥捧便腹〔1〕。讀書饑鳶聲，了了崇文目〔2〕。陂澄萬頃波，巢寄一枝木。戲題百姓眼〔3〕，自笑孤館獨。轍涸聊相濡，神液未容漉。嘯歌匪彈劍，悁隘殊躄足〔4〕。文織犧尊黃〔5〕，句弦綺琴綠。不見蟹杯持，徒費爾雅讀〔6〕。坐對罍臥牆，空有葉映竹。枯腸但茶搜，燥吻遲膏沃〔7〕。主人如馬瘦，酒使欠猩僕〔8〕。思折酤媼券，欲訪義漿玉〔9〕。胃茲鯨吸量〔10〕，眇矣龍驤斛〔11〕。靈根日灌溉，詩課自程督。試當閱醫經，薄釀借神曲。共醉靈均絲，未問長房菊〔12〕。飲興非有期，衣曬寧免俗。杯勺雖不勝，嘔泄聽隨屬。懶迭陽關三，肯競梟博六〔13〕。不飲但麥豆，頗勝劉文叔〔14〕。醉騎黃犢孫，歸玩墨君族。子為評酒名，擬號安晚醁〔15〕。

〔校注〕

〔1〕經笥：比喻博通經書的人。便腹：肥滿之腹。

〔2〕崇文：《崇文書目》：《崇文總目》，北宋景祐中王堯臣等編輯。崇文，即崇文書院，為北宋宮廷藏書處。全書六十六卷，著錄藏書三萬零六百六十九卷。原書已佚，後經錢東垣、錢侗等續輯並考釋·編成五卷，補遺一卷，為今天的通行本。

〔3〕姓眼，四庫本作「篇富」。

〔4〕躄足：跛足；瘸腿。

〔5〕犧尊：亦作「犧樽」。古代酒器。作犧牛形，背上開孔以盛酒。

〔6〕爾雅：書名，我國最早解釋詞義的專著。由秦漢間學者綴輯周漢諸書舊文，遞相增益而成，為考證詞義和古代名物的重要資料。

〔7〕遲，自注：去聲。

〔8〕猩僕：自注：封溪令事。《朝野僉載》卷六：「安南武平縣封溪中有猩猩焉，如美人，解人語，知往事。以嗜酒故，以屨得之，檻百數同牢。欲食之，眾自推肥者相送，流涕而別。時餉封溪令，以杷蓋之。令問何物，猩猩乃籠中語曰：『唯有僕並酒一壺耳。』令笑而愛之，養畜，能傳送語言，人不如也。」

〔9〕義漿：舊時施捨行人的漿水。

〔10〕鯨吸：唐杜甫《飲中八仙歌》：「飲如長鯨吸百川，銜杯樂聖稱世賢。」後因以「鯨吸」喻狂飲。

〔11〕龍驤：亦作「龍襄」。昂舉騰躍貌。

〔12〕長房：晉代葛洪《神仙傳·壺公》：「（費長）房有神術，能縮地脈，千里存在，目前宛然，放之復舒如舊也。」後因以「長房術」指仙道的神術。唐代岑參《安西館中思長安》詩：「遙憑長房術，為縮天山東。」亦省作「長房」。

〔13〕梟博六：古博戲樗蒲兩彩之連稱。麼為梟，最貴；六為盧，次之。唐韓愈《送靈師》詩：「六博在一擲，梟盧叱迴旋。」唐李賀《示弟》詩：「何須問牛馬，拋擲任梟盧。」

〔14〕劉文叔：即劉秀。《後漢書》卷一上《光武帝紀上》：「世祖光武皇帝諱秀，字文叔，南陽蔡陽人，高祖九世之孫也。」又，卷八三《逸民傳·嚴光傳》：「嚴光字子陵……少有高名，與光武同遊學。及光武即位，乃變名姓，隱身不見。帝恩其賢，乃令以物色訪之。……遣使聘之。……霸得（嚴光）書，封奏之。帝笑曰：『狂奴故態也。』車駕即日幸其館。光臥不起，帝即其臥所，撫光腹曰：『咄咄子陵，不可相助為理邪？』光又眠不應，良久，乃張目熟視，曰：『昔唐堯著德，巢父洗耳。士故有志，何至相迫乎？』帝曰：『子陵，我竟不能下汝邪？』於是升輿歎息而去。」

〔15〕安晚醿：詩人自號「安晚」，因以酒名。

湖上口占

賣葑千艘底處藏〔1〕，媧天濯熱臥湖光〔2〕。山雲既雨猶相逐，水草無花亦自香。野徑遍穿人借問，僧茶旋點客先嘗。翻思舉世趨炎者，誰識蘋風五月涼〔3〕。

〔校注〕

〔1〕葑（fèng）：菰根。

〔2〕媧天：指女媧煉石補天事。唐李咸用《謝友生遺端溪硯瓦》詩：「媧天補剩石，昆劍切來泥。」

〔3〕蘋風：宋玉《風賦》：「大風生於地，起於青蘋之末。」即起於蘋草之上的風；微風。

戲續前韻簡幕掾林治中

梅霖妬日強遮藏〔1〕，西雨東邊漏隙光。黃口禽鳴應乳臭，白花梔坼似衙香。排根荷出憐嵇紹〔2〕，遁跡蓴肥哂孟嘗〔3〕。閑處便成清境界，底須沂水羨雩涼〔4〕。

〔校注〕

〔1〕梅霖：梅雨。宋沈遼《開窗》詩：「齋居病紆鬱，況復當梅霖。」妬日：嫉妒太陽。

〔2〕嵇紹：西晉詩人。字延祖，譙國銍（今安徽宿縣西南）人。嵇康子。十歲而孤。始為秘書丞，累遷汝陰太守、徐州刺史。元康初（291），為給事黃門侍郎。貴戚賈謐求與相交，他拒而不答。及謐誅，以不阿附凶族，封弋陽子，遷散騎常侍，領國子博士，官至侍中。「八王之亂」時，從惠帝與成都王穎交戰，敗於蕩陰。時飛箭雨集，他以身衛帝，遂被殺，血濺帝衣。後被封建統治者推為忠君的典範。鍾嶸《詩品》將他列為下品，稱其詩「平典不失古體」。

〔3〕自注：「瀋湖之後，荷蓴間有在者。」　孟嘗：字伯周，會稽上虞（今屬浙江）人。初仕郡吏，後舉茂才。歷任徐縣令、合浦太守。合浦原產珠寶，因官吏搜刮漸移他地，他上任後革除前弊，去珠復還。典故「珠還合浦」即此。桓帝時，年七十卒於家。一曰孟嘗：即孟嘗君。戰國時齊貴族，戰國四公子之一，姓田名文。曾相齊，以廣延賓客著聞。詳見《史記·孟嘗君列傳》。詩中常喻指居高位而禮賢好客的人。王維《送岐州源長史歸》：「秋風正蕭索，客散孟嘗門。」

〔4〕沂水羨雩：用孔子舞雩典。

乍晴觀蜂房戲占

蜜蜂家計千頭奴，日並花課供蜜租。粉紅黃白各本色，擁腫雙腳尻為車。採花歸來不知數，一一到門如合繻〔1〕。方春乳房湧金屋，子弟分王遣之國。廣輪處處成甘州〔2〕，饞口嚌嚅不遺力〔3〕。蜜脾割盡封蠟膚〔4〕，畢歲辛勤用謀食。秋深冬早未見春，嗅芳咀華來藻蘋。釀成餱糧香滿室〔5〕，日日飽衙知愛君。問誰食蜜還主臣〔6〕，阜財富國今何人。

〔校注〕

〔1〕合繻：驗證帛符。繻，漢代出入關隘的帛製憑證，上寫字，分為兩半，出入時
　　驗合。

〔2〕廣輪：廣袤。指土地的面積。《周禮·地官·大司徒》：「以天下土地之圖，周
　　知九州之地域廣輪之數。」

〔3〕嚌嚅（jīrú）：調品味。

〔4〕刲（kuī）：宰殺，刺。《說文》：「刲，屠也。」

〔5〕餱糧：乾糧，食糧。

〔6〕主臣：君臣。

比以拙詩戲調張籍不知作者已盈軸矣輒和兩韻

其一

展也虞朝庶績熙〔1〕，合修厥貢暨熊狸。兕容於野雖非地〔2〕，豹澤
其文似識時。毛革正須供有用，血牙安事殺為嬉。國僑惠政人誰犯〔3〕，
虎聽多應謝子皮〔4〕。

〔校注〕

〔1〕虞朝：虞朝（約公元前36世紀～約前21世紀），中國歷史上一個可能存在過
　　數百年的王朝，在夏朝之前。舜是虞朝的最後一位統治者。績熙：各種事業。
　　《書·堯典》：「允釐百工，庶績咸熙。」

〔2〕兕容（sì）：上古瑞獸「兕」，狀如牛，蒼黑，板角。容，容貌。非地：不適宜
　　去的地方。

〔3〕國僑：即春秋鄭大夫公孫僑，字子產。孔子稱讚他是「古之遺愛也」。惠政：
　　仁政，德政。

〔4〕子皮：范蠡之號。《史記·越王句踐世家》：「范蠡浮海出齊，變姓名，自謂鴟
　　夷子皮。」

其二

虓虎寧如龜有知〔1〕，陸行端自觸危機。縛渠呂布還須急〔2〕，驅以
王尋謾失威〔3〕。肯使黔驢呈短技〔4〕，直教獵騎合邊圍。惡盈詎必分人
獸，猛獲終擒自衛歸〔5〕。

〔校注〕

〔1〕虓虎：咆哮怒吼的虎。多用來比喻勇士猛將。

〔2〕呂布：東漢末年名將，漢末群雄之一。

〔3〕王尋：佐王莽篡漢有功，始建國元年（公元9年）封大司徒、章新公。後被綠林軍所殺。

〔4〕黔驢：比喻虛有其表、技藝低下的人。黔驢技窮。

〔5〕自注：宋人請猛獲於衛石，祁子曰：天下之惡一也，云云。衛人歸之。

村邊以湯婆樣惠示與詩俱來依元韻

惠中秀外更清便，婭姹嬌羞二八年〔1〕。無奈畏塗生衽席〔2〕，寧教寒夜折冰綿。遣來績嫗知君狀〔3〕，擬伴涪翁到曉天〔4〕。只恐磚花陶學士〔5〕，風流未了續膠緣〔6〕。

〔校注〕

〔1〕婭姹：形容嬌美姿態。

〔2〕衽席：指席子。衽席不修：指生活上不注意檢點。

〔3〕績嫗：指紡織的老嫗。

〔4〕涪翁：黃庭堅號。

〔5〕磚花陶學士：即「掃雪烹茶」。陶學士即陶穀。他在下雪天用雪水烹茶，屬文士風雅事。

〔6〕緣，《全宋詩》校：「原作弦，據四庫本改。」

再和村邊解嘲

其一

閒身惟向靜中便，莫景侵尋絳縣年〔1〕。失解真精昏默默，且觀玄牝息綿綿〔2〕。溫柔鄉里誰能老〔3〕，冷澹生涯別有天。笑撫腳婆為法喜〔4〕，漆園何必問經緣〔5〕。

〔校注〕

〔1〕絳縣年：高壽的代稱。《幼學瓊林》：「畝丘人，問年不少；絳縣年，歷甲何多。」春秋齊桓公見一老人在田裏耕作，問他年齡，答：「已八十三歲了。」

桓公贊他高壽。晉國絳縣有位老人稱自己已經歷了四百四十五個甲子，合二
萬六千七百歲。

〔2〕玄牝：谷神不死，是謂玄牝。玄牝之門，是謂天地根。谷：山谷，意謂空虛。
谷神：指由道質和道性所構成的大道，也可謂大自然。因道的狀態類似虛無，
所以稱其為谷，因其蘊藏妙用並因應無窮，所以稱之為谷神。

〔3〕溫柔鄉：喻美色迷人之境。漢伶玄《趙飛燕外傳》：「是夜進合德，帝大悅，以
輔屬體，無所不靡，謂為溫柔鄉。」

〔4〕腳婆：暖足瓶。金屬製品，宋時已有。又稱「錫夫人」「湯媼」「湯婆子」。用
銅或錫製成扁圓形瓶，底闊上斂。冬季，注入開水，塞瓶口，置被中用以取暖。
黃庭堅《戲詠暖足瓶》之一：「千金買腳婆，夜夜睡天明。」

〔5〕自注：緣督以為輕。漆園：地名，在山東菏澤。莊周為吏之所。

其二

暖足番君老更便〔1〕，摩挲笑問阿婆年。聊吟夜月移花影，肯向春
風逐柳綿。自有散花居丈室，何妨姹女共壺天〔2〕。鉛華列屋諸君事〔3〕，
乞與寒梅了世緣〔4〕。

〔校注〕

〔1〕番君：秦代番陽令吳芮。《漢書・吳芮傳》：「吳芮，秦時番陽令也，甚得江湖
民心，號曰番君。」

〔2〕姹女：同「奼」，指美麗的少女。

〔3〕鉛華：指中國古代婦女用的化妝品。古代的妝粉裏面會添加鉛，所以鉛華是妝
粉，曾經是古代中國婦女長期使用的化妝增白用品。

〔4〕乞，自注：去聲。

其三

造化真機動靜便，誰云巧智可同年。藍田日暖煙生玉，閩嶠霜濃木
有綿〔1〕。萬象為春皆是物，一花不實豈其天。吾身太極元同運，陽長
陰消在所緣〔2〕。

〔校注〕

〔1〕閩嶠：福建境內的山地。

〔2〕陽長陰消：《周易內傳卷二上・臨》「象曰：咸臨，貞吉，志行正也。」《傳》
曰：「臨者其志，咸者其行。陽長陰消，本君子大正之志而見之行事者。」

山間大風雨晝夜不止聞松聲撼床戲成拙語謾錄呈葺芷參溪

顛風橫雨窮山秋，樵青弛簷車停輈〔1〕。松聲撼空吼萬牛，轟豗勢欲傾不周〔2〕。晨雞扼吭暗且愁〔3〕，百鳥何敢相喧啾。恍疑趙壁環諸侯〔4〕，呼聲動地鏘弓矛。又疑變化鵾鵬儔〔5〕，垂天鼓翼南溟陬〔6〕。或者挽翻河漢流〔7〕，電飛霆擊龍蛟虯。不然火烈陸渾丘〔8〕，天跳地踔啼熊猴。狂吞很吐山裂鳩，大音奔騰怒相投〔9〕。夢中驚回仙枕遊，分明夜宿浙江頭。三更潮水掀柁樓，蒼茫起坐擁黃紬〔10〕。觸屏喚作錢塘舟，此身端坐岩之幽。如何兩耳不自由，乃與喧寂為湛浮〔11〕。影蛇石虎以妄求〔12〕，世間萬事浪喜憂。大學能定心逸休，疾雷破柱方夷猶〔13〕。直須養浩師孟鄒，風止韻作商聲謳。

〔校注〕

〔1〕簷，《四明叢書》作「擔」。　　樵青：唐顏真卿《浪跡先生玄真子張志和碑》：「肅宗嘗錫奴婢各一，玄真配為夫妻，名夫曰漁僮，妻曰樵青。」後因以指女婢。

〔2〕轟豗（huī）：形容眾聲喧闐。不周：不合。

〔3〕扼吭：喻控制要害部位。

〔4〕壁，《全宋詩》校：原作壘，據四庫本改。　　趙壁：韓信擊趙，佯棄鼓旗，誘趙軍空壁逐利，即馳趙軍壁壘，遂大破趙軍。事載《史記·淮陰侯列傳》。

〔5〕鵾鵬：傳說中的大鳥名。

〔6〕南溟：南方大海。

〔7〕河漢：銀河。晴天夜晚，天空中有一條亮帶，宛似一條銀白色的河。實際上是由許許多多恆星構成的。

〔8〕陸渾：古地名。也稱瓜州，原指今甘肅敦煌一帶。

〔9〕大音：指美妙的樂音。

〔10〕黃紬（chōu）：黃綢。

〔11〕湛浮：沉浮；隨波逐流。

〔12〕石虎：似虎的石頭。

〔13〕破柱：「破柱求奸」為不畏權貴，搜索壞人，以正國法的典故。方夷：我國古時少數民族之一。

安晚園戲占〔1〕

橫塘雨過水初平，浪影窺窗一孔明。籬下觸牴五鹿角〔2〕，林間反舌百禽聲。柳公權可送行客〔3〕，梅子真能寬渴兵〔4〕。誰道夏園無所有，蓮花端可傲張卿。

〔校注〕

〔1〕安晚：鄭清之為自己起別號，表明他寧靜和安寧的喜愛。

〔2〕觸牴：語本《易・大壯》：「牴羊觸藩。」後因以「觸藩牴」比喻處於困境的人。

〔3〕柳公權（778～865）：字誠懸，京兆華原（今陝西耀州）人，唐代著名書法家。

〔4〕梅子真：《越中雜識》：「梅福，字子真，九江壽春人。少習《尚書》《春秋》，為郡文學，補南昌尉。後去官。王莽專政，福一朝棄家去，人傳以為仙。」

山間錄拙作求教葺芷俚語將命笑擲幸甚

老我愧不學，無以袪六蔽〔1〕。短綆赴修汲，深淺忘厲揭〔2〕。每逢撲凸篇，如對葛答謎〔3〕。敵壘或致師〔4〕，何以御柴曳。書林倦迴旋，筆徑宜睥睨。獨自搔背療，誰與解襪繫。誤墨拙成蠅，飲醯癡聚蚋。器成我苦窳〔5〕，草創類茅葺〔6〕。未善文心雕，曷助葵足沖。樂只正始音，盡發文冢痙〔7〕。古意窺九嶷，詞源決三澨〔8〕。英風韻風雅，噩噩規誥誓〔9〕。精剛拏健鶻，妥帖律狂猘〔10〕。解注卑蟲魚，獻納笑蝦蟹。讀檄頭愈疾，聽語藥著稗。風高補釣臺，天朗摘蘭禊〔11〕。合止按商角，刮磨出廉銳〔12〕。妙指曲不傳，奪胎骨可蛻。神針如運斤，拆屋去眼翳。又如大醫王，刲胃滌淫滯。萬象困搜討，瑤金拔昆麗。司文當執衡〔13〕，卻掃甘擁篲〔14〕。空山闊遊從，思君願言嚏。葺詞薦藜藿〔15〕，香苣待薑桂。翳桑急壺飧〔16〕，毋為荅飯毳。

〔校注〕

〔1〕六弊：謂因不好學而造成的六種弊端。

〔2〕厲揭：涉水。連衣涉水叫厲，提起衣服涉水叫揭。

〔3〕葛答謎：即「卒律葛答」，指煎餅。宋李昉《太平廣記》卷二四七引唐代侯白《啟顏錄》：「北齊高祖嘗宴近臣為樂。高祖曰：『我與汝等作謎，可供射之：卒律葛答。』諸人皆射不得，或云是饒子箭，高祖曰：『非也。』石動筩云：『臣已射得。』高祖曰：『是何物？』動筩對曰：『是煎餅。』高祖笑曰：『動

箭射著，是也。』高祖又曰：『汝等諸人為我作一謎，我為汝射之。』諸人未作，動箭為謎，復云卒律葛答。高祖射不得，問曰：『此是何物？』答曰：『是煎餅。』高祖曰：『我始作之，何因更作？』動箭曰：『承大家熱鏊子頭，更作一個。』高祖大笑。」宋朱翌《猗覺僚晚飯》詩：「卒律葛答美，鉤輈格磔肥。」自注：「卒律葛答，煎餅。」

〔4〕致師：挑戰。

〔5〕苦窳（yǔ）：粗糙質劣。

〔6〕茅蕝（jué）：茅束。

〔7〕文冢：埋葬文稿之處。

〔8〕九嶷：山名。在湖南寧遠縣南。詞源：喻滔滔不絕的文詞。三澨（shì）：水名，在今湖北天門市南，流經漢川入漢水。《尚書‧禹貢》：「嶓冢導漾，東流為漢；又東為滄浪之水；過三澨，至於大別，南入於江。」鄭玄注：「三澨，水名也，在江夏竟陵縣界。」

〔9〕噩噩：嚴肅切直。誥誓：古代君王訓誡勉勵民眾的文告。

〔10〕狂猘：形容兇猛。

〔11〕蘭禊：王羲之書寫的《蘭亭集序》。蘭禊，蘭亭修禊。

〔12〕廉銳：《鶡冠子》：「注文說理深摯，而筆勢廉銳。」

〔13〕執衡：猶持衡，謂衡文職士，即知貢舉。

〔14〕擁篲：為迎接貴賓而大掃除。

〔15〕藜藿：藜和藿。亦泛指粗劣的飯菜。

〔16〕翳桑：古地名。春秋晉靈輒餓於翳桑，趙盾見而賜以飲食。壺：壺飧。壺餐。

戲調長鳴鶴

　　瘦鶴雲霄志，相從伴獨清。可堪三徑寂，頻作九皋鳴〔1〕。博字輸鵝頭，橫空避雁聲。終辭華表去〔2〕，汗漫逐騎鯨〔3〕。

〔校注〕

〔1〕九皋鳴：即「九皋唳」。《詩‧小雅‧鶴鳴》：「鶴鳴于九皋，聲聞于天。」毛傳：「皋，澤也。言身隱而名著也。」後用以喻聲名遠揚。杜甫《八哀詩‧贈秘書監江夏李公邕》：「獨步四十年，風聽九皋唳。」孟球《和主司王起》：「準料羽毛方出谷，許教齊和九皋鳴。」

〔2〕華表：古代宮殿、陵墓等大型建築物前面做裝飾用的巨大石柱，是一種傳統的
建築形式。

〔3〕汗漫：形容漫遊之遠。騎鯨：亦作「騎鯨魚」「騎長鯨」。

思鄉味戲成

　　隔籬野圈特眠犢〔1〕，帶雨村舂雞喚雛〔2〕。旋熟黃粱留客住〔3〕，滿篘白酒倩人沽〔4〕。未諳旅況三分在，早覺藜腸一半枯〔5〕。寄語吾鄉譜鮮子〔6〕，莫教辜負脆皮鱸。

〔校注〕

〔1〕特：黃毛黑唇的黃牛。

〔2〕村舂：指鄉村中舂米的碓聲。

〔3〕黃粱：即「黃粱一夢」。

〔4〕篘：一種竹製的濾酒的器具。倩人沽：託別人買。

〔5〕藜腸：指吃粗劣的食物的肚子。

〔6〕譜鮮子：自注：「朱謙之著有《鮮譜》。」按，宋魏峴《魏氏家藏方》卷一《頭風頭痛》之「南嶽草靈丹」傳自「朱縣丞謙之」，則朱謙之曾任鄞縣丞。

調雲岑

　　戲將鶡弁博緇衣〔1〕，般若叢中剩作癡〔2〕。鵝頸肯為羅隱笑〔3〕，雞林能辨樂天詩〔4〕。好從休處求安逸，莫向閒中覓住持。覺際湖山最佳趣，藕花洲渚菊東籬。

〔校注〕

〔1〕鶡弁（hébiàn）：鶡，一種像雉而善鬥的鳥；弁，古代的一種帽子。緇衣：指僧尼穿的黑衣服。

〔2〕般若：指智慧。佛教用語。

〔3〕羅隱：唐代詩人。

〔4〕雞林：指佛寺。樂天詩：指唐詩人白居易的詩。

自嘲

我亦逢場因作戲〔1〕，要令竿木自隨身。老僧不學面壁觀〔2〕，山偈隨緣舉似人〔3〕。

〔校注〕

〔1〕作戲：作耍，開玩笑。

〔2〕面壁：佛教語。《五燈會元‧東土祖師‧菩提達磨大師》：「當魏孝明帝孝昌三年也，寓止於嵩山少林寺，面壁而坐，終日默然。人莫之測，謂之壁觀婆羅門。」後因以稱坐禪，謂面向牆壁，端坐靜修。

〔3〕山偈：僧人唱誦的偈語。隨緣：佛教語。謂佛應眾生之緣而施教化。緣，指身心對外界的感觸。舉似：奉告。

讀虞美人草歌戲成

心似合驩因恨結〔1〕，眉如別柳為愁彎。罇前舞影風能偃，爭奈當年力拔山。

〔校注〕

〔1〕合驩：驩。同「歡」。

調雲岑

佛法方當惡劇時，偃溪笑裏袖鉗錘〔1〕。不教管領千雲衲〔2〕，打徹頭關更問誰。

〔校注〕

〔1〕鉗錘：一鉗一錘。比喻嚴格的訓練，嚴厲的教誨。

〔2〕雲衲：指到處雲遊，如「行雲流水」的僧人，行腳僧則特指步行刓處參彈的僧人。

戲作窗蠅詩

曾記窗蠅古德詩〔1〕，笑渠未有出頭時。驀然撞破窗間紙，透出虛空未是遲。

〔校注〕

〔1〕古德詩：古代高僧大德的詩歌。

戲嘲杜宇

呼晴不似鳩知務，報喜何如鵲愛人。有口自鳴誰禁汝，亂啼何必待殘春。

病目自嘲

兼旬病目成鴆媒〔1〕，竟日掩書風為開。端如猩猩畏機穽，愛酒著屐須一來〔2〕。信手翻書未終葉，春風已覺生牙頰〔3〕。笑同黃卷且尋醫，免使鷦鷯翳蚊睫〔4〕。

〔校注〕

〔1〕鴆媒：《楚辭・離騷》：「吾令鴆為媒兮，鴆告余以不好」王逸注：「鴆羽有毒，可殺人，以喻讒佞賊害人也。」後因以「鴆媒」指善用讒言害人之人。

〔2〕用詠猩猩典故。

〔3〕春風：指茶。宋陸游《余邦英惠小山新芽作小詩以謝》之三：「誰遣春風入牙頰，詩成忽帶小山香。」

〔4〕鷦鷯：鳥名。形小，體長約三寸。羽毛赤褐色，略有黑褐色斑點。尾羽短，略向上翹。翳蚊睫：蚊蟲的眼睫毛。比喻極小的處所。

目眚忌食戲成〔1〕

生平未省讀食經，蟛蜞何事干荀卿〔2〕。霜螯帶糟老饕賦〔3〕，素鱗斫膾晶盤行。政欲蓴鱸飽歸興〔4〕，肯嫌蛙蛤譏南烹〔5〕。誰言厚味多臘毒，坐疑匕箸生戎兵。緇塵浪欲滓銀海〔6〕，所賴炯炯留元精〔7〕。飛蛾擾燈室光暗，狠蟆食月天公驚。我今所患在目睫，口非得罪曹緘銘。一身百體兼所養，六鑿未可分重輕〔8〕。詎容貴目乃賤口，無端腸胃甘檗冰。就令辟穀即仙去，何異餒鼠乘飛翎。我聞養生先實腹，幸乏明珠買娉婷。稻魚粗可足生理，饑夢不到侯門鯖〔9〕。更畦菘薤自鋤灌，肯與雞鶩爭餘贏〔10〕。笑指雙目保亡恙，況無傳筆如丘明。

〔校注〕

〔1〕目眚（shěng）：眼睛長白翳。

〔2〕蟛蜞：亦作「蟛蚑」。甲殼綱。似蟹，體小，螯足無毛，紅色；步足有毛。穴居近海地區江河沼澤的泥岸中。荀卿：即荀況。戰國趙人，世稱荀卿。

〔３〕霜螯：蟹到霜降季節才肥美。老饕賦：極能飲食。宋蘇軾《老饕賦》。

〔４〕用「張翰歸思」典。

〔５〕南烹：用南方烹飪方法做出的飯菜。

〔６〕緇塵：黑色灰塵。常喻世俗污垢。

〔７〕元精：天地的精氣。

〔８〕六鑿：指耳、目等六孔。

〔９〕侯門鯖：即五侯鯖。五侯，是指漢成帝母舅王譚、王根、王立、王商、王逢，因五人同日封侯，故號五侯。晉葛洪《西京雜記》卷二：「五侯不相能，賓客不得來往。婁護豐辯，傳食五侯間，各得其歡心，競致奇膳。護乃合以為鯖（肉同魚合燒的雜燴），世稱五侯鯖，以為奇味焉。」

〔10〕雞鶩：雞和鴨。比喻小人或平庸的人。《楚辭・卜居》：「寧與黃鵠比翼乎？將與雞鶩爭食乎？」

卷二十八

汪 莘

　　汪莘（1155～1227），字叔耕，號方壺居士。徽州休寧（今屬安徽）人。汪革之弟。早年居住於黃山，精研《易經》。嘉定年間，曾三次上書，論天變、人事、民窮、吏污之弊，惜未採納。晚年隱居柳溪，布衣以終。善寫詞。《四庫全書總目》認為「所作稍近粗豪」。著有《柳塘集》《方壺存稿》。今錄戲謔詩 1 首。

八月間書案假寐戲作

　　四海春風曲肱裏〔1〕，出入鼻端雲一縷。不知案上清露珠，漏泄傅岩夢中雨〔2〕。

〔校注〕

〔1〕曲肱：《論語・述而》：「飯蔬食飲水，曲肱而枕之，樂在其中矣」。謂彎著胳膊作枕頭。後以「曲肱」比喻清貧而閒適的生活。

〔2〕傅岩：古地名。相傳商代賢相傅說為奴隸時曾版築於此。其地相傳在今山西平陸。亦借指賢才隱逸之所。李世民《秋暮言志》：「抽思滋泉側，飛想傅岩中。」

薛師石

薛師石（1178～1228），字景石，號瓜廬，永嘉（今浙江溫州）人。工詩善書，隱居未仕，築室會昌湖上，題曰「瓜廬」。一生蕭閒散淡，與趙師秀、徐璣等多有唱和。有《瓜廬集》一卷傳世。今錄戲謔詩 2 首。

戲贈趙天樂〔1〕

問隱當時意已深，近來全廢是清吟。一春祇為風雷變，盡日閒觀天地心。聞道丹爐初候火，能教瓦礫化成金。果然成得知何用，不似瓜廬種紫蓼〔2〕。

〔校注〕

〔1〕趙天樂：《詩人玉屑》卷一九《趙天樂》：「趙天樂《冷泉夜坐》詩云：『樓鐘晴更響，池水夜如深。』後改『更』為『聽』，改『如』為『觀』。《病起》詩云：『朝客偶知承送藥，野僧相保為持經。』後改『承』作『親』，改『為』作『密』。二聯改此四字，精神頓異，真如光弼入子儀軍矣。」曾作唐詩選本《眾妙集》。

〔2〕紫蓼：指紫山參。

無題

平生愛菊與梅花，菊比淵明梅似逋〔1〕。誰知此道今寥落，愛菊愛梅人也無。

〔1〕逋：宋代林逋隱居於西湖孤山，終身不娶，種梅養鶴自娛，人為之「梅妻鶴子」，後因以「逋梅」指梅花。

魏了翁

魏了翁（1178～1237），字華父（甫），號鶴山，邛州蒲江（今屬四川）人。寧宗慶元五年（1199）進士，他承繼濂洛治學，指斥「偽學之禁」，奉孔學為「聖學」。治學上強調「道貴自得」。理宗朝，累官簽書樞密院事，改資政殿學士，後為福建安撫使知福州。卒贈太師，諡文靖。有《鶴山先生大全文集》《鶴山詞》等。今錄戲謔詩 8 首。

出劍門後日履危徑戲集轎兵方言

籃輿陟險隘〔1〕，兀兀不停轍。主人眩頭目，僕夫困唇舌。前疑樹梢拂，後慮崖石擦。方呼左畔蹺，復叫右竿捺。避礙牢掛肘，沖泥輕下腳。或荊棘兜掛，或屋簷拐抹。或踏高直上，或照下穩踏。斯須有不審，僨輿在目睫〔2〕。深淵固可畏，平地尤險絕。作詩告僕夫，審諸秋毫末。識察既曉然，力行謹無忽。

〔校注〕

〔1〕籃輿：古代供人乘坐的交通工具，形制不一，一般以人力抬著行走，類似後世的轎子。

〔2〕僨輿：即轎夫。

次韻張太博得余所遺二程先生集辯二程戲邵子語〔1〕

文字未科斗〔2〕，圖書未龜龍〔3〕。粲然天地間，此理觸處逢。是謂象之祖，而為數之宗。昊犧古神聖〔4〕，先得人所同。文因而繇之〔5〕，

且出亦並雄。訖於我孔聖，天命滋益恭。渾然一理貫，密察而從容。辭變與象占，四者固所崇。推辭以知變，象占在其中。荒荒秦漢後，學者昧所從。不以災異會，則以虛無通。天開周程子〔6〕，易道乃復東。動靜靜復動，終始始而終。上承千年緒，下起百世風。同時有邵子〔7〕，講道於伊嵩〔8〕。天地之運化，陰陽之無窮。即物驗消長，先幾知吉凶。邵子極道數，獨立幾無戎。〔9〕二程自周孔，為時開夢夢。其歸則一耳，昧者結忡忡。學之將奈何，矧余倍顓蒙〔10〕。要知羲皇心〔11〕，須踏周孔蹤〔12〕。

〔校注〕

〔1〕二程先生：北宋理學家，字伯淳，號明道。河南洛陽（今河南洛陽）人。數歲誦詩書，強記過人，十歲能為詩賦。與其弟（程頤）學於周敦頤，合稱「二程」先生。

〔2〕蝌斗：蛙的幼體，形似古代文字。故謂古文字為科斗書。

〔3〕龜龍：龜和龍，指靈物，也指傑出的人物。

〔4〕昊羲：上古帝王太昊、羲（羲）皇。

〔5〕繇：同「徭」，徭役。

〔6〕周程子：周敦頤和二程。

〔7〕邵子：即邵雍（1011～1077），字堯夫，諡號康節，自號安樂先生、伊川翁，後人稱百源先生。北宋哲學家、易學家，有內聖外王之譽。其先范陽（今河北涿縣）人，幼隨父遷共城（今河南輝縣）。少有志，讀書蘇門山百源上。仁宗嘉祐及神宗熙寧中，先後被召授官，皆不赴。創「先天學」，以為萬物皆由「太極」演化而成。著有《觀物篇》《先天圖》《伊川擊壤集》《皇極經世》等。

〔8〕伊嵩：兩山名。伊，伊闕，在今河南洛陽市南；嵩，嵩山，在今河南登封縣北。

〔9〕自注：助也，見《詩》注。

〔10〕矧（shěn）余：矧，另外，況且，何況。《詩經·小雅·伐木》：「矧伊人矣，不求友生？神之聽之，終和且平。」顓蒙：愚昧。《漢書·揚雄傳下》：「天降生民，倥侗顓蒙，恣於情性，聰明不開，訓諸理。」顏師古注引鄭氏曰：「童蒙無所知也。」宋王安石《謝王司封啟》：「雖勉心竭力，求以合於古人，而固陋顓蒙，動輒乖於時變。」

〔11〕羲皇：傳說中原始社會早期的帝王，即伏羲氏。據傳他統治的時代是太平盛世。

〔12〕周孔：指周公和孔子。

張大著以韓持國綠樽紅妓事再和見戲復次韻

其一

世路羊腸幾覆顛，如君操行雪朝鮮。書胸滿貯宣和庫〔1〕，學力要裝元祐船〔2〕。剩喜孟龍來並世〔3〕，肯呼鷗鷺與忘年〔4〕。閉門筓珥無膏沐〔5〕，不作傾城馮小憐。〔6〕

〔校注〕

〔1〕宣和庫：宋代官倉庫名。掌儲備財貨以供皇帝不時之需。徽宗宣和年間置故名。《宋史・食貨志下一》云：「別又置大觀庫制同元豐但分東西之別。最後建宣和庫有泉貨、幣餘、服御、玉食、器貢等名。

〔2〕元祐船：指元祐時期出現了蘇黃等大家。

〔3〕孟龍：孟嘉龍山落帽故事。

〔4〕鷗鷺：漢孔融《薦禰衡疏》：「鷙鳥累百，不如一鷗。」後因以「鷗鷺」喻指英才。

〔5〕筓珥：古代婦女常用以裝飾髮耳的飾件。《列子・周穆王》：「設筓珥，衣阿錫。」

〔6〕馮小憐：自注：「北齊馮淑妃名小憐，後主惑之，以致城陷。」 北朝時北齊後主高恒妃。又稱馮淑妃。北周滅北齊，後主被殺。小憐被賜予代王達。隋開皇元年（公元581年），楊堅滅北周，將其賜予代王達妃兄李詢。後被詢母所逼自殺。小憐工詩，有《感琵琶弦斷贈代王達》傳世。

其二

壯心十五亦狂顛，十五年來洗濯鮮。負郭元無三畝宅，浮家安有五湖船。焚香讀易謝來況，飲綠圍紅回長年。〔1〕不是柳桃曾作惱，安知世味有妍憐。

〔校注〕

〔1〕自注：「綠樽紅妓詩，乃韓持國在穎昌時，年六十九矣。」

次韻費同叔解嘲〔1〕

其一

乞得身來作外臣，沖然肺腑自韶鈞〔2〕。鹹酸獨覺水中味，形影相依鏡裏真。入戶方聞夫子樂，近前孰試相君嗔。昊天明旦司遊衍〔3〕，環堵嚴於百萬人。

〔校注〕

〔1〕費同叔：不詳，作者友人。

〔2〕韶鈞：《韶》樂和鈞天廣樂。亦泛指優美的樂曲。

〔3〕昊天：即指天。謂天昊然廣大，故云昊天。「堯命羲和，敬順昊天，數法日月星辰，敬授民時。」

其二

低頭涸轍問波臣〔1〕，沃以嘉言力萬鈞。逆耳倒言誠愛助，解嘲謝謗返離真。若微君告誰能及，幸不吾欺乃敢嗔。彼是紛紛姑勿道，所期終誨作全人。

〔校注〕

〔1〕涸轍：比喻窮困的境地。波臣：指被水淹死的人。

某曩在遂寧，嘗賦《木犀》云：「茂樹幽花兀老蒼，不隨眾卉入詞場。虎頭點點開金粟，犀首累累佩印章。明月上時疑白傅，清風度處看黃香。人才生世元如此，不為無人不肯芳。」今十數年矣，偶憶前作未免兒戲，用韻再賦呈諸友〔1〕

洞煙溪月楚山蒼〔2〕，萬木辭林稼滌場〔3〕。老桂挾秋清入骨〔4〕，明河倚樹爛成章〔5〕。城隅靜女閒逾美，澤畔累臣晚更香〔6〕。若數秋花饒此品，未容陶菊逞孤芳。

〔校注〕

〔1〕「詞場」後原注：此花見於詩才百餘年。「金粟」後原注：顧虎頭善畫金粟如來。「印章」後原注：公孫衍佩五國印。　　遂寧：指詩人故鄉四川遂寧。

〔2〕楚山：山名，即荊山。在湖北省西部，武當山東南，漢江西岸。有抱玉岩，相傳春秋楚人卞和得璞玉於此。

〔3〕滌場：打掃場地。《詩·豳風·七月》：「九月肅霜，十月滌場。」

〔4〕老桂：指傳說裏的月桂樹。

〔5〕明河：即「銀河」。唐宋之問《明河篇》詩：「明河可望不可親，願得乘槎一問津；更將織女支機石，還訪成都賣卜人。」

〔6〕澤畔累臣：指屈原。累臣：正遭受羈管、拘繫中的臣子。

某偶為木犀有賦遂蒙別駕諸丈光和盈軸因惟晉以後名科第曰折桂兩無相關至近世則又以木犀之別種有岩桂之名其實非桂也遂並為一物輒為二木訟冤呈諸丈一笑〔1〕

澹雲明露立蒼蒼〔2〕，不識從來聲利場。晉士習浮輕興喻〔3〕，唐人承誤轉周章。高談天上兔蟾影，卑擬人間龍麝香。犀桂自殊苦相累〔4〕，都將榮進溷真芳〔5〕。

〔校注〕

〔1〕木犀：即桂花。岩桂：木犀的別名。宋張邦基《墨莊漫錄》云：「木犀花黃深而大，一種花白淺而小，湖南呼九里香，江東呼岩桂，浙人曰木犀。」

〔2〕蒼蒼：深青色。《莊子·逍遙遊》：「天之蒼蒼，其正色邪。」

〔3〕興喻：打比方。

〔4〕犀桂：木樨與桂花。

〔5〕溷（hùn）：污穢，受污染。

鄧登龍

鄧登龍，字震父，都昌縣（一云臨江）人。咸淳四年（1268）陳文龍榜進士。著有《梅屋吟》一卷。今錄戲謔詩 1 首。

月洲李賈友山捧檄來淦訪我梅下示教禁體物語詠梅佳句今歲梅開月洲仙去追和元韻感此良友 [1]

庭前有奇樹，幽豔發寒柯 [2]。寂寂眾芳歇，綿綿生意多。孤根依嶺表，高節委岩阿 [3]。清友今何在 [4]，悠悠空逝波。

〔校注〕

〔1〕月洲：李賈（生卒年不詳），字友山，號月洲，光澤（今屬福建）人。端平間，為淦江縣尉，戴復古過訪，示以姚鏞所選《石屏四稿》，賈為跋並刊行。嘗與戴復古等人結為詩社（戴復古《過昭武訪李友山詩社諸人》），又嘗與嚴羽論詩（嚴羽《答吳景仙書》）。詩宗晚唐，有詩卷，今不傳。劉克莊《跋李賈縣尉詩卷》稱其詩「攻苦鍛鍊而成，思深而語清。律體師島、合，樂府擬籍、建」（《後村先生大全集》卷九九）。

〔2〕寒柯：指冬天樹木或樹幹。晉陶潛《飲酒》詩之八：「提壺撫寒柯，遠望時復為。」

〔3〕高節：高聳的竹竿。竹有節，故稱高節。岩阿：山的曲折處。

〔4〕清友：指梅。

周獻甫

周獻甫，號梅屋，與鄒登龍為友，鄒有《西郊梅開懷吟軒周獻父》詩。其詩宗晚唐，入江湖派。《全宋詩》存其詩五首。今錄戲謔詩1首。

嘲禿筆〔1〕

中書君已不中書〔2〕，椎鈍無心費指呼〔3〕。別有管城堪任使〔4〕，從教罵作筆頭奴。

〔校注〕

〔1〕禿筆：亦稱「拙筆」「退筆」。指久寫而脫去鋒毛之筆。《南史·王僧虔傳》：「常用拙筆書，以此見容。」唐杜甫《題壁上韋偃畫馬歌》：「戲拈禿筆掃驊騮，欻見騏驎出東壁。」宋蘇軾《柳氏二外甥求筆跡》詩：「退筆成山未足珍，讀書萬卷始通神。」

〔2〕中書君：古代筆的別稱。秦始皇封蒙恬於管城，並累拜中書之故，後人遂別稱筆曰「管城子」或「中書君」。

〔3〕椎鈍：樸鈍；愚鈍。

〔4〕管城：唐韓愈《毛穎傳》：「……遂獵，圍毛氏之族，拔其毫，載穎而歸，獻俘於章臺包聚其族而加束縛焉。一秦皇帝使恬（蒙恬）賜之湯沐，而封諸管城，號曰『管城子』。」韓愈戲稱秦始皇給毛筆的封號。後遂以指毛筆，亦指文筆。

杜　範

杜範（1182～1245），字成己（又作成之），一字儀甫，學者稱立齋先生，黃岩（今屬浙江）人。寧宗嘉定元年（1208）進士，累官同知樞密院事，尋拜右丞相。著有《清獻集》。今錄戲謔詩 9 首。

園丁得二小花以獻。坐中屬梅津、龜翁賦之，且以寄處靜索詞，仍有「白戰寸鐵」之禁。自非不吃煙火，誰解作此架空生活。處靜詞先至，梅津詩繼之，皆清絕可味。輒用梅津韻奉呈諸丈，殆類癡人強絕粒，未免又吃漿也，一笑〔1〕

歲功巧結束〔2〕，物與七反丹。應嫌青女妒〔3〕，搖落空人寰。耀鈒雲髻裏，點粉黛眉間。香色亦幾何，小有即大還。豔陽費浮花，微陽惜真韻。月窟占奇芬〔4〕，天根關大分〔5〕。冰雪又催年，自此接新運。泰華與秋毫〔6〕，鉅細非定論。

〔校注〕

〔1〕梅津：即尹煥，字惟曉，山陰人，是詩人的好友。嘉定十年（1217）進士。自幾漕除右司郎官。有《梅津集》。南宋吳文英有《瑞龍吟·送梅津》詞。　　龜翁：翁逢龍，字石龜，人稱「龜翁」。嘉定十年（1217）吳潛榜的進士。嘉熙年間任平江府通判。任上曾經與戴復古、高翥等詩人唱和。後歷任寧國府朝散郎、添差通判。寧國府知府杜範曾經上書朝廷推薦翁逢龍與尹煥兩位賢士幕僚。　　處靜：翁元龍，字時可，號處靜。宋人野史中明確記載其為吳文英的親兄弟。

〔2〕歲功：指一年的時序。《漢書·律曆志上》：「權者，銖、兩、斤、鈞、石也……四萬六千八十銖者，萬一千五百二十物歷四時之象也。而歲功成就，五權謹矣。」

〔3〕青女：傳說中掌管霜雪的女神。

〔4〕月窟：內煉名詞。即泥丸上丹田。宋邵雍《月窟天根詩》：「耳目聰明男子身，鴻鈞賦予不為貧。須探月窟方知物，未躡天根豈識人。乾遇巽時觀月窟，地逢雷處見天根，天根月窟閒來往，三十六宮都是春。」

〔5〕天根。指天之根，為陽生之處。與月窟相對。乾遇巽時為退符，地逢雷處指進火。故《象數論》說：「康節因先天圖而創天根月窟，即《參同契》乾坤門戶牝牡之論也。故以八卦言者，指坤震二卦之間為天根，以其為一陽所生之處也；指乾巽二卦之間為月窟，以其為一陰所生之處也。」一解為氐宿星別名。《國語·周》：「天根見而水涸」。一解為指人的稟賦、氣質。《新書》：「人之情不異，面目狀貌同類，貴賤之別，非人天根著於形容也。」一解為佛家氣功習用語，指自然的標誌。

〔6〕泰華：泰山與華山的並稱。

夜讀花翁詩什有感，漫成鄙句拜呈藉以求教癡目駭見異寶揣摩讚歎徒犯古人銜嚙之戒耳

士有當世志，誰肯專詩名。自古巧文字，與道關廢興。傾座聽君語，雄辨窮粗精。目中無全牛，肯綮技未經〔1〕。胡為趁風月，候蟲相與鳴。靜夜誦佳什，泠然如夢醒。瘦語自腴澤，險句自穩平。譬彼有源水，隨流作幽清。奇抱歎皓首〔2〕，敗屋挑寒燈。天運豈其然〔3〕，人力非所能。我讀淵明詩，悠悠千古情。銜觴豈好飲，採菊非餐英〔4〕。何時共皋益〔5〕，賡歌在虞庭〔6〕。

〔校注〕

〔1〕肯綮（qìng）：指筋骨結合的地方，比喻要害或最重要的關鍵。

〔2〕奇抱：非凡的抱負。皓首：白頭。人年老的別稱。也作「白首」「暮年」「遲暮」「耄期」。漢李陵《答蘇武書》：「丁年奉使，皓首而歸；老母終堂，生妻去帷。」

〔3〕天運：指各種自然現象無心運行而自動。

〔4〕餐英：以花為食。後用以指雅人的高潔。屈原《離騷》：「朝飲木蘭之墜露兮，夕餐秋菊之落英。」

〔5〕皋：指水邊的高地。

〔6〕虞庭：亦作「虞廷」，指虞舜的朝廷。相傳虞舜為古代的聖明之主，故亦以「虞
　　　廷」為「聖朝」的代稱。

戲賦段橋風箏〔1〕

段橋牽紙鷂〔2〕，兒戲亦關心。風快應難挽，雲高徑欲侵。人誇無限
力，身直不多金。說與須知道，明朝不似今。

〔校注〕

〔1〕段橋：即今浙江省杭州市西湖斷橋。

〔2〕紙鷂：又稱鷂子、紙鳶、風箏等，紙鷂是最古的稱謂。

酥溪寺舍窗前有黃金間璧玉竹可愛，謾作二十字不許撞題〔1〕

中土太淡素，東皇染半節〔2〕。此君已不群，此種更奇絕。

〔校注〕

〔1〕酥溪寺：寺廟名，其地不明。

〔2〕東皇：指天神東皇太一。出自《離騷》。

戲十九兄二首

其一

風流公子醉陽臺，歸路猶傳笑語諧。玉腕雙扶爭嫵媚，不知失足在
蒼崖。

其二

君曾夷視北山巔，險阻誰知在眼前。亟欲問君無恙否，小春催到探
梅天〔1〕。

〔校注〕

〔1〕梅天：黃梅天氣。唐竇常《北固晚眺》詩：「水國芒種後，梅天風雨涼。」
　　　宋楊萬里《風雨》詩：「梅天筆墨都生醭，棐几文書懶拂塵。」

問淵明菊〔1〕

世以淵明名爾菊，卻來紫陌換青銅〔2〕。東籬采采知何處〔3〕，豈不包羞負此翁。

〔校注〕

〔1〕淵明菊：南宋韓淮有詠菊詩云《太師菊》：「清白冠他三少貴，孤高獨佔九秋寒。功成勇退東籬下，不逐春紅相牡丹。」是以官職命名。南宋理宗時期的翁逢龍有《閏月見九華菊》詩，史鑄《百菊集譜》卷二越中品類有「九華菊」：「此品乃淵明所賞之菊也。」蓋以陶潛詩文名之也，也稱「淵明菊」。此名稱寄予了宋人對陶淵明的理解。

〔2〕紫陌：指京城的道路。劉禹錫《元和十年自朗州承召至京，戲贈看花諸君子》詩：「紫陌紅塵拂面來，無人不道看花回。」

〔3〕采采：同「彩彩」，繁茂、鮮豔的意思。

代菊對

未有淵明先有我，何人喚我作淵明。東籬宛在南山下，誰向秋風管落英。

道中戲成

造物人言是小兒，偶然越樣與兒嬉。不過幾塊粗頑石，博得人誇幾個奇。

岳　珂

　　岳珂（1183～1234），字肅之，弓亦齋，又號倦翁。相州湯陰（今屬河南）人。岳飛之孫，岳霖之子。累官至戶部侍郎、淮東總領兼制置使。嘉熙四年（1240），以權戶部尚書為淮南江浙荊湖制置茶鹽使。著有《愧郯錄》《桯史》等。今錄戲謔詩 15 首。

約客春波督參劉郎中方赴高紫微之集道間相值不容留戲贈二首

其一

　　春波堂上倚欄干，一曲樓臺晻靄間。野衲再尋行腳債，釣蓑聊寄賞心閒。燕低欲舞影翻水，鳥倦知還雲在山。匹似棠湖盡堪住，繞簷祇欠翠螺鬟。

其二

　　錦帳星郎油壁車〔1〕，紫微花下醉流霞〔2〕。簫鸞東引瞻風馭〔3〕，池鳳西遊賦日華〔4〕。蓼岸半紅秋漸老〔5〕，柳堤仍綠約猶賒。一尊更趁萊衣彩〔6〕，河漢還乘八月槎〔7〕。

〔校注〕

〔1〕星郎：《後漢書·明帝紀》：「帝遵奉建武制度，無敢違者。後之家宮，不得封侯與政。館陶公主為子求郎，不許，而賜錢千萬。謂群臣曰：『郎官上應列宿，出宰百里，有非其人，則民受其殃，是以難之。』故吏稱其官，民安其業，遠近肅服，戶口滋殖焉。」館陶公主為兒子求取郎官之職，明帝不許，說郎官上與星宿相應，要出任主管地方政務，如有不稱職的人擔任，百姓就要遭殃？後

遂用「星郎、郎官星、郎星」等作為郎官的美稱。油壁車：古車之一種。車壁都髹以油漆，有的上繪有彩飾，四周或四角掛有流蘇或彩帛，多為貴族婦女所乘用。《玉臺新詠·錢塘蘇小歌》：「妾乘油壁車。」

〔2〕醉流霞：漢王充《論衡·道虛篇》「（項）曼都好道學仙，委家亡去，三年而返。家問其狀，曼都曰：『去時不能自知，忽見若臥形，有仙人數人，將我上天，離月數里而止。見月上下幽冥，幽冥不知東西。居月之旁，其寒悽愴。口饑欲食，仙人輒飲我以流霞一杯。每飲一杯，數月不饑。不知去幾何年月，不知以何為過，忽然若臥，復下至此。』河東號之曰『斥仙』。」晉葛洪《抱朴子·祛惑》亦載，文有不同。傳說項曼都好道學仙，曾隨仙人上天，生活了三年，饑渴便飲一杯流霞仙酒，可以幾個月不餓。後用此典稱美酒、仙酒；也用來詠仙家生活。北周庾信：「定取流霞氣，時添承露杯。」唐柳宗元：「咄此蓬瀛侶，無乃貴流霞。」

〔3〕簫鸞：鳳簫鸞管：笙簫之類的吹奏樂。

〔4〕池鳳：指唐朝時期的宰相。日華：為殿門名。唐杜甫《奉答岑參補闕見贈》詩：「窈窕清禁闥，罷朝歸不同。君隨丞相後，我往日華東。」仇兆鰲注：「《唐六典》：宣政殿前有兩廡，兩廡各有門。其東曰日華，日華之東則門下省也……西廊有門曰月華，月華之西即中書省也。」

〔5〕蓼岸：開滿蓼花的江岸。蓼，紅蓼，秋日開花，多生水邊。

〔6〕萊衣：小兒穿的五彩衣或小兒的衣服。

〔7〕八月槎：傳說中八月裏按期通往天河的船筏。晉張華《博物志》卷十：「舊說云天河與海通。近世有人居海渚者，年年八月有浮槎去來，不失期。」後借喻如期來往的船。

唐世有刺郡江表者，時宰囑以新淦出筆，令制以寄。刺史始至，召佳手，一老父應命，百日而得二管，馳貢相府。一見已訝其遲且鮮，試之，乃絕不堪。大怒曰：「數千里乃寄兩管惡筆來。」刺史聞之懼，欲寘老父於罪，老父訴曰：「使君毋草草，我所制乃歐、褚所用，丐先示以相君翰墨，容再制；苟不稱，甘鼎鑊。」遂示之，慨然曰：「如此只消使君三十錢筆。」不日獻五十管，暨再使至長安，相一試大喜，復書令優賜匠者，夜窗偶試毘陵張顯筆，戲為之賦〔1〕

　　世間未必無皋夔〔2〕，九疑虞舜不可追〔3〕。武皇銳意開絕漠〔4〕，推鋒乃亦有衛霍〔5〕。嗟哉格物本一理，顧人所用何如耳。筆工在昔本市傭，束毫傳笈求售同〔6〕。誰云進技不進道〔7〕，意匠輒與歐褚通。虔州刺史募佳筆〔8〕，雙笈何堪須百日。星馳一騎到長安〔9〕，試手鳳池隨棄擲〔10〕。老奴恟栗丞相嗔〔11〕，能用此筆能幾人。願窺翰墨減工制，必使揮毫誇入神。斗杓春回開電笑，橐籥果符人所料〔12〕。中山聚族倘未殫，束帛那容及年少。是知人才用捨別識惟一心，皋夔衛霍無古今。妍媸能否俱在上所使，此筆區區正其比。我生識字僅一丁，眼前所見徒毘陵。未知當年新淦果何若〔13〕，正恐鍾衛二王無合作〔14〕。君不見此老一去知幾年，當時鑒裁無復傳。紛紛雞毛抱箒賣〔15〕，恰費書傭三十錢。

〔校注〕

〔1〕王士禎《池北偶談》「新淦筆工」引此詩。「令制以寄」作「託制以相寄」、「刺史始至」作「刺史至」、「一見已訝其遲且鮮」作「既訝其遲，又薄其鮮」、「欲寘老父於罪」作「欲罪老父」、「甘鼎鑊」作「甘就鼎鑊」。　　歐、褚：唐初書法四大家之中的歐陽詢，褚遂良。鼎鑊：古代的酷刑。用鼎鑊烹人。毘陵：古地名。

〔2〕皋夔：皋陶和夔的並稱。皋陶是虞舜時刑官，夔是虞舜時樂官。後常借指賢臣。

〔3〕虞舜：名重華，字都君，謚曰「舜」。因國名「虞」，故又稱虞舜。中國上古部落聯盟首領，被後世尊為帝，列入「五帝」。

〔4〕武皇：漢武帝劉徹，在位時期攘夷拓土、國威遠揚，東並朝鮮、南吞百越、西征大宛、北破匈奴，奠定了漢地的基本範圍，開創了漢武盛世的局面。

〔5〕推，四庫本作「摧」。　　衛霍：西漢名將衛青和霍去病，二人皆以武功著稱，後世並稱「衛霍」。

〔6〕束毫：把筆尖用麻、絹類的織物捆紮緊，其目的主要為了使鋒穎變得圓鈍、齊整以便表現整齊劃、粗細均勻的線條。

〔7〕技，《池北偶談》作「伎」。

〔8〕募，《池北偶談》作「覓」。

〔9〕星馳：如流星飛奔的快馬。

〔10〕鳳池：鳳凰池，指皇宮禁苑中的池沼。

〔11〕恟栗：恐懼戰慄。

〔12〕橐籥（tuó yuè）：亦作橐爚，指的是古代冶煉時用以鼓風吹火的裝置。

〔13〕果，《池北偶談》作「定」。

〔14〕鍾衛二王：書法家鍾繇、衛夫人、王羲之與其子王獻之。

〔15〕筒：指中空如筒的針，用來放腹水。

> 岳公，忠武王孫，所著有《桯史》《金佗粹編》等書。此集凡八卷，乃故衡王府抄本也。集中又有贈李微之秘監詩，自注云：「微之以吏館牒來，索予所撰《東陲筆略》。」此書不知尚傳於世否？識其目，當更訪之。又《學圃萱蘇》載：唐宣州陳氏，世能作筆，家傳右軍《求筆帖》。至唐柳公權求筆於宣城，先予二管。語其子曰：「柳學士能書，當留此筆；不爾，退還，即可以常筆予之。」柳果以為不入用，別求，遂予常筆。陳曰：「吾先予二筆，非右軍不能用也。」與此絕相類。

張孝顯晨訪懋忠堂，因拉陳升可、王困道同飲徑醉臥小閣，醒則晡矣，戲呈諸公〔1〕

凌晨有客來款門〔2〕，盥櫛下榻呼冠巾〔3〕。怪生鵲喜繞庭樹，迎客不但填河津。清尊湛湛開北牖，頤指市奴駿奔走。烹鮮煮餅羅朝盤，苜蓿闌干豈無有。一杯兩杯叱先驅，群羊入夢撞甕菹〔4〕。三杯四杯舌底滑，闔坐牢辭輒投轄〔5〕。共言卯飲夕不同，能使終日長冬烘。一朝便廢一日事，除卻投床百無技。老夫笑倒絕冠纓〔6〕，人生無日無經營。經營至竟有底成，謹闔此舌君勿評〔7〕。直須大噆五六七，不醉不扶毋返室。高眠一枕醉復醒，莫管今朝更明日。

〔校注〕

〔1〕張孝顯、陳升可、王困道：三人皆不詳。晡：指下午的三點到五點鐘。

〔2〕款門：敲門。

〔3〕盥櫛：梳洗。

〔4〕甕菹：用甕裝起來的酸菜，醃菜。

〔5〕投轄：即「陳遵投轄」典。

〔6〕絕冠纓：帽帶子斷了。出自《史記·滑稽列傳》：「淳于髡（kūn）仰天大笑，冠纓索絕。」

〔7〕闔：古同「閉」。

吳季謙侍郎送家釀香泉絕無灰得未曾有戲成報章〔1〕

　　義豐愛酒憎官壺，日長忍渴呼酪奴〔2〕。自言畏灰如畏虎，有酒不向官坊酤。當家香泉世無比，米潔麴甘醇且美。釀時不著一點灰，滿酌寒泉挹清洲〔3〕。小槽滴瀝竹筧承〔4〕，冰渠夜濺真珠明。一泓澄澈玉無底，滿甕盎盎春風生。釀成不肯飲俗客，澆著柴桑舊時宅，共此千年醉眠石。更將餘瀝走馬軍〔5〕，來注吾家老瓦盆，許我自飲不許分。老境宦游環軌轍〔6〕，官酒徧嘗隨地別，何曾見灰能作孽。饞來一腹大於蟬，鯨呿自覺吸百川〔7〕。是灰是酒俱不辨，豈問他州並異縣。今夕何夕翻露漿，扣壺一洗灰土腸。君不見柴桑於酒特寓意〔8〕，相逢不擇賤與貴，要是醇醨均一致〔9〕。汝陽後來帝家子〔10〕，路逢麴車不知味，流涎正復何所謂。貧為田舍富天宗〔11〕，遇酒隨飲莫適從。豈如仙家居義豐，無懷自與造化通。彼燧人氏初何功〔12〕，酬君三語將無同。同不同，君信否。黃花飄香石耐久，明日山行且攜酒。

〔校注〕

〔1〕吳季謙：吳愈，字季謙。江州德安（今屬江西）人。開禧元年（1205）進士，
　　　調信陽縣尉。金軍圍信陽，守令皆遁去，吳愈獨嚴兵御之。寶慶初，知武岡軍。
　　　上書請遵舊制，擇州郡禁兵補禁衛闕。遷沿江制置使兼知鄂州。入直學士院。
　　　官終兵部侍郎。卒諡文肅。

〔2〕酪奴：茶的別名。

〔3〕挹：把液體盛出來。清洲：清澈明淨。

〔4〕竹筧：引水的長竹管。

〔5〕餘瀝：酒的餘滴，剩酒。

〔6〕軌轍：車輪行過留下的痕跡。

〔7〕呿（qù）：張口。

〔8〕柴桑：借指陶潛。因其故里在柴桑故稱。

〔9〕醇醨：醇指酒味厚，薄者曰醨。合稱為酒之好壞。

〔10〕汝陽帝家子：指大唐睿宗皇帝嫡孫，寧王李憲（唐玄宗李隆基長兄）長子汝陽
　　　　王李璡，官至太僕卿，又得到釀王的封號。酒中八仙之一，杜甫在《飲中八仙
　　　　歌》稱其：「汝陽三斗始朝天，道逢麴車口流涎，恨不移封向酒泉。」

〔11〕天宗：指皇族。

〔12〕燧人氏：三皇之首，風姓，簡稱燧人，尊稱燧皇。燧明國（今河南商丘）人，
　　　出生於商丘，為華胥氏之夫、伏羲與女媧的父親。鑽木取火的發明者。

約吳季謙山行書來問期戲答

　　連朝積雨快新晴，雨後青山眼倍明。大路嶽蓮聊戲馬〔1〕，西園池柳
正啼鶯。已拚一醉從金諾，共聽層淵噴玉聲〔2〕。月裏看山盡清絕，可
憐偏照國西營〔3〕。

〔校注〕

〔1〕嶽蓮：指西嶽華山蓮花峰。

〔2〕噴玉：（馬噓氣或鼓鼻時）噴散雪白的唾沫。謂馬勢雄猛。此喻水聲。

〔3〕國西營：國都的西營。是漢唐時國都長安屯兵處。趙次公、仇兆鰲《杜詩詳注》
　　　云：「國西營，指扶風軍士。扶風。在長安西北也。」杜甫《月》：「干戈知滿
　　　地，休照國西營。」

聞畫眉鳥聲戲作

　　木杪幽禽巧語新〔1〕，何時曾記得名因。樣傳京兆成雙嫵〔2〕，人指
漁陽開小鼙〔3〕。盡稱如簧啼白畫，未須對鏡學青春。山中有叟嗒無語，
短褐龐眉更笑人〔4〕。

〔校注〕

〔1〕木杪：樹梢。

〔2〕「京兆」句：《漢書‧張敞傳》載「（京兆尹張敞）又為婦畫眉，長安中傳張京
　　　兆眉嫵。有司以奏敞。上問之，對曰：『臣聞閨房之內，夫婦之私有過於畫眉
　　　者』。上愛其能，弗備責也。」漢代京兆尹張敞為婦畫眉甚美，長安中傳「張
　　　京兆眉嫵」。

〔3〕小鼙：指漁陽鼙鼓，是古代軍中用的小鼓。

〔4〕龐眉：眉毛黑白雜色。形容老貌。

予老病倦煩入山兩月頗得靜中趣良月六日趙南仲端明朱子明戶部曾編摩忽皆專介王困道諸人亦來而東老侄自石門至閤皂劉道士又以詩卷為贄戲成〔1〕

鼓鐘不合饗鵷鶋〔2〕，人事何因到野廬。玉節金臺新貴字〔3〕，寶章琰刻故交書〔4〕。葛冠道士重溫卷，芝砌郎君亦下車〔5〕。忽憶蘇州風雨夕，空山落葉昔何如。

〔校注〕

〔1〕趙南仲：趙葵（1186～1266），字南仲，號信庵，一號庸齋，衡山（今屬湖南）人。宋代著名畫家。1121 年以戰功知棗陽軍。1237 年以寶章閣學士再授淮東制置使兼知揚州，官至樞密使兼參知政事。工詩文，有集，已佚。《宋史》有傳。朱子明，宋代山水畫家，人稱「驢畫家」。編摩：編集。

〔2〕鵷鶋（yuán jū）：海鳥名。

〔3〕玉節：玉製的符節。金臺：金砌的臺；華美的臺。

〔4〕寶章：珍貴的書法真蹟。琰：美玉。

〔5〕芝砌：華美、華麗的臺階。

山居作報書竟夜有感戲成

山居踰五旬，正以厭煩故。誰持故人書，剝啄扣我戶。畬箧旅庭砌〔1〕，餅罍列桯廡〔2〕。啟緘讀風篁，盈幅字如縷。頗欲從簡易，人事正如許。厚意來遠方，殷勤不容阻。還欲混俗塵，又覺初志誤。筆研久荒穢，肩腕仍旅拒。沉沉青燈夜，窗牖打風雨。聊激懶惰心，小出唫囈語。霜毚比鉛觚〔3〕，玉蟲剔釵股〔4〕。隃糜方弄墨〔5〕，擘繭更伸楮〔6〕。始焉據几案，敏捷疑得趣。倏爾懷交情，恍惚接良晤。緘題甫一二〔7〕，手熟漸四五。溪毛簡精粗，報貺祝豐窶。札胥謹印蠟，僕隸治筐筥〔8〕。但知役群動，不覺向五鼓。作勞耳屢鳴，倦寫目如瞀〔9〕。低頭觸屏風，入鼻飲辛霧。欠伸忽三喟，靜念起百慮。吾生何太勞，窮處尚弗恕。仕皆係窮達，世豈忘喜怒。人以情見憐，我獨影相顧。謙勤福所基，傲放人共惡。當年眾楚咻〔10〕，詎止雙蛾妒。生雖有遠志，願豈惜趦趄。偶因囿形質，莫與插翎羽。徒誇九垓期〔11〕，姑了一夕苦。嗟哉且努力，掣肘無單父〔12〕。

〔校注〕

〔1〕奩簏：古代存放用品的竹篋。

〔2〕罍列桯，小集作「罍列廊」。　　缾罍：指小口大腹的陶瓷容器。桯廡：屋里門前。

〔3〕毚兔：狡兔。鉛舠：中國古代一種用鉛製作的飲酒的容器，也用作禮器。

〔4〕玉蟲：蟲狀的玉雕首飾。釵股：古代婦女用以固定髮髻的頭飾，一般為銀質，上端嵌有碧玉，亦稱碧玉簪。

〔5〕隃麋：墨的古稱。最早的墨，以隃麋（今陝西千陽）所製為貴，故名「隃麋墨」。漢蔡質《漢官儀》：「尚書令、僕、丞郎，月給隃麋大、小二枚。」元伊世珍《瑯嬛記》：「漢人有墨，名曰隃麋。」

〔6〕擘繭：擘開探官繭。繭，麵粉所作的小果子，內藏官位帖子，擘開以卜將來官位高下。楮：紙的代稱。

〔7〕緘題：指信函的封題。

〔8〕筐筥：筐與筥的並稱。方形為筐，圓形為筥。亦泛指竹器。

〔9〕瞀（mào）：眼睛昏花。

〔10〕眾楚咻：《孟子・滕文公下》：「有楚大夫於此，欲其子之齊語也……一齊人傅之，眾楚人咻之，雖日撻而求其齊也，不可得矣。引而置之莊嶽之間數年，雖日撻而求其楚，亦不可得矣。」楚人咻，謂周圍楚音喧嚷。比喻所處環境不好，正面教導抵不過反面干擾。

〔11〕九垓：天。

〔12〕單父：即古人單卷（善卷），曾居於單父（今山東單縣）。唐堯坐天下聽說單卷得了道，就面朝北來侍俸他，等到堯把天下讓給虞舜以後，舜又去親近他，要把天下讓給他。單卷說：「余立於天地之中，冬日衣皮毛，夏日衣葛絺；春耕種，形足以勞動；秋收斂，身足以休食；日出而作，日入而息，逍遙於宇宙之間而心意自得，吾何以天下為哉！悲夫，子之不知余也！」遂不受。於是去而入深山，莫知其處。

己亥，十一月十五日忽苦舌瘍甚不能飲食憊臥一榻戲成

君不見東坡昔步虎溪月〔1〕，夜聽溪聲廣長舌〔2〕。溪聲不斷流不枯，此段磊落真丈夫。一生吾伊換唔嗚〔3〕，嗟哉三寸予豈無。公子搢紳陳禮法〔4〕，枕麴無思嚜如蛤〔5〕。辯士說客談縱橫，叱牛惟解供力耕。爾

來更自作奇痛，晝苦吟呻夜妨夢。伏床啜粥猶漓浪，臠肉持將堪底用。太倉受禾三百廛〔6〕，大官烹羊俱鼎膹。瀛洲給膳稱學士〔7〕，飽食端居今六年。生平元不負此舌，欲辦一奇了無說。更憎此舌工負予，乃復累我七尺軀。鴟夷榼載鸕鶿杓〔8〕，向口低眉輒前卻。齒牙助桀復搖落，誤殺流涎孤快嚼。仰天大笑絕冠纓〔9〕，舌兮腹兮誰重輕。

〔校注〕

〔1〕虎溪：溪名。在江西省九江市南廬山東林寺前。相傳慧遠法師居此，送客不過溪，過此，虎輒號鳴，故名虎溪。

〔2〕廣長舌：指佛的舌頭。據說佛舌廣而長，覆面至髮際，故名。宋蘇軾《贈東林總長老》詩曰：「溪聲便是廣長舌，山色豈非清淨身。」把溪聲比作佛在說教。

〔3〕喑嗚：悲咽。

〔4〕搢紳：有官職的人。

〔5〕枕麴：枕著酒麴。謂嗜酒，醉酒。

〔6〕受禾三百廛：即「取禾三百廛」。《詩經·魏風·伐檀》：「不稼不穡，胡取禾三百廛兮。」蘇軾《次韻段縫見贈》：「李子東周負郭田，須知力穡是家傳。細思種薤五十本，大勝取禾三百廛。」

〔7〕瀛洲學士：《舊唐書·褚亮傳》載：唐武德四年，太子李世民於宮城西作文學館，收聘賢才，杜如晦、房玄齡等十八人均以本官兼文學館學士，「預入館者，時所傾慕，謂之『登瀛洲』。」原謂被選為文學館學士如登上仙山。比喻得到榮寵。

〔8〕鴟夷：指盛酒器。鸕鶿杓：刻為鸕鶿形的酒杓。

〔9〕絕冠纓：帽帶子斷了。出自《史記·滑稽列傳》：「淳于髡仰天大笑，冠纓索絕。」

昨訪簰篂聞有繡幰之燕回車戲呈季茂〔1〕

慣聞嬌小處，繞帶覓銀魚。授雁定同瑞〔2〕，弄璋應誤書〔3〕。生朝今日是，嘉燕早春初。無分陪湯餅，到門空返車。

〔校注〕

〔1〕簰篂（píng xīng）：以竹席遮塵的車幰。古制別駕之車皆有簰篂，因用為別駕車名。《玉篇·竹部》：「簰篂，車幰。」唐白居易《江州赴忠州至江陵已來舟中示舍弟五十韻》：「簰篂州乘送，艛艓驛船迎。」宋陸游《傅正議墓誌銘》：

「公入太學奮由經，蹭蹬晚乃駕篳篝。」繡帨之燕：指「洗兒宴」。季茂：趙季茂。曾官通判。

〔2〕授雁：婚禮的一種儀式。《儀禮·士昏禮》：「昏禮。下達。納采，用雁。」「納吉用雁，如納采禮。」

〔3〕弄麞：為「弄璋」之訛。用以嘲寫錯別字。典出《舊唐書·李林甫傳》：「太常少卿姜度，林甫舅子，度妻誕子，林甫手書慶之曰：『聞有弄麞之慶。』客視之掩口。」蘇軾《賀陳述古弟章生子》詩：「甚欲去為湯餅客，惟愁錯寫弄麞書。」

病中未能訪鄧德載督參大監戲贈二首〔1〕

其一

昨朝華宴想清歡，今日床頭未整冠。已恨酒腸孤夜醉，更驚病骨怯春寒。多情條脫參差是〔2〕，一抹琵琶錯雜彈。老眼眵昏正無緒，爐薰爐冷對蒲團。

〔校注〕

〔1〕鄧德載：官督參大監，餘不詳。大監：唐五代秘書省，少府、將作監均置監與少監，監即稱為「大監」。

〔2〕條脫：手鐲、腕釧之類的飾物。

其二

老來病是惡因緣，白晝明窗思悄然。欲住又傾連夕雨，半醒似醉困人天。近拈吟筆塵欺硯，遠想江樓浪拍船。滿院杏花紅欲放，何時長笛醉風前。

戲作呈趙通判胡教授張總幹〔1〕

人言春遊無不好，一日宴客三日飽。翁言此語特未定，一日宴客三日病。人生所願筋力強，問花訪柳同壺觴。老夫豈無少年狂，胡為兀兀坐一床〔2〕。憶昔少時事賓友，常有清尊湛東牖。稍長便不論升斗，纔對白衣輒搔首。東來三輔西陪京〔3〕，二十四橋誇廣陵。萬椽紅蠟槌畫鼓，醒處傳杯醉中舞。何嘗一日不春風，酒光花豔詩興濃。兔肩鹿脇坐據熊〔4〕，急雪打面看雕弓。笑談千古一呀中〔5〕，眼底頓覺四海空。可

憐芳草長邊路，年少堂堂背人去。歡筵徙廢管與弦，粥鼎相隨朝復暮。塞砧街鼓總愁聽〔6〕，涼月花宵等虛度。前旬作意趁萬紅，沈霪積雨仍多風。中間一日稍晴意，藥裹關心復思睡〔7〕。無氈坐上老相如，昔時依幕今題輿〔8〕。三君笑談忽與俱，使我捨策忘其軀。須臾把酒舌底滑，席地幕天醉鄉闊。明朝奇崇那可言，閉院重尋舊生活。回思北海酒不空，料應多病過於儂。坐客常滿更可疑，華佗已死將誰醫。

〔校注〕

〔1〕趙通判：趙季茂。通判：官名。在州府的長官下掌管糧運、家田、水利和訴訟等事項，對州府的長官有監察的責任。胡教授、張總幹：皆不詳。

〔2〕兀兀（wū）：昏沉貌。

〔3〕三輔：又稱「三秦」，指西漢武帝至東漢末年（前104～220）期間，治理長安京畿地區的三位官員京兆尹、左馮翊、右扶風，同時指這三位官員管轄的地區京兆、左馮翊、右扶風三個地方。

〔4〕胜：同髀，大腿。

〔5〕一映：輕輕一吹的聲音。映，微聲。

〔6〕街鼓：設置在京城街道的警夜鼓。

〔7〕藥裹：藥包；藥囊。

〔8〕題輿：《後漢書》載：東漢周景任豫州刺史時，嘗辟陳蕃（字仲舉）為別駕。蕃辭不就。景題別駕輿曰：「陳仲舉座也。」不復更辟。蕃惶懼，起視職。後遂以「題輿」謂景仰賢達，望其出仕。

是日迎送之車屬道戲成

老仗相如節〔1〕，佳時負酒尊。人誰羞俠轂〔2〕，我自媿乘軒。塵土欺貂袖〔3〕，功名付犢褌〔4〕。令君休負矢〔5〕，予不詫王孫。

〔校注〕

〔1〕相如節：司馬相如的氣節。

〔2〕俠轂：指跟隨在車子兩側擔任護衛。俠，通「夾」。

〔3〕貂袖：貂皮襖的袖籠。

〔4〕犢褌：南朝宋劉義慶《世說新語·任誕》載：三國魏阮籍、阮咸叔侄，俱名列竹林七賢。阮族所居，在道北的都是富戶，在道南的都為貧家。俗有七月七日

曬衣之習，是日，居道北諸阮盛陳紗羅錦綺，居道南之阮咸「以竿高掛大布犢鼻褌於中庭」。人多怪之，他說：「未能免俗，聊復爾耳！」用以調侃世俗。後用為詠貧窮的典故。

〔5〕負矢：猶負弩。古代恭迎尊長之禮。

程公許

程公許（1182～1251），字季與，一字希穎，號滄州，眉州眉山（今四川眉山）人。寧宗嘉定四年（1211）進士。累官至中書舍人、禮部侍郎。著有《滄州塵缶編》十四卷。今錄戲謔詩 7 首。

晉仲文學淵邃，方為朝陽鳴鳳。僕所次前韻及之而洊賜佳章招隱，敢再次韻以反之，以貲他日重會一笑〔1〕

丈夫為世用，釣築辭岩溪〔2〕。不用身徇道，固可卷而攜。侃侃紫陽翁〔3〕，不踐桃李蹊〔4〕。淳熙用不終〔5〕，歸途此留題。坐令南岩高〔6〕，萬丈誰能梯。倘止論茲山，僅亦培塿低〔7〕。今如峴首碑〔8〕，千載令人淒。我輩何適莫，但觀道合睽〔9〕。鳥獸不可群，仲尼非棲棲〔10〕。

〔校注〕

〔1〕「洊賜佳章」四字，《永樂大典》卷九七六六作「薦賜佳章申」五字。「重會一笑」之後多「非一笑，非一詩也」七字。　　晉仲：李晉仲，名桓，建寧浦城（今屬福建）人。《元史·儒學傳二·楊載》：「其甥李桓，字晉仲，同郡人。由鄉貢進士，累遷江浙儒學副提舉。亦以文鳴江東，紆餘豐潤，學者多學之。」顧嗣立、席世臣《元詩選癸集》丙集《李提舉桓》：「桓字晉仲，至治癸亥領鄉薦，泰定甲子春試小卻，以至順龍飛初榜特加優異。授餘干州教授，累遷江浙儒學副提舉。晉仲祖居溧水，嘗自稱中山李某。居官頗稱廉簡。以文鳴江東，紆餘豐潤，尤善小篆。」按：晉仲亦李孝光升州學宮同事，其《憶升州學》序云：「追憶舊事，因為二詩，其一以移晉仲也。」　　朝陽鳴鳳：比喻品德出眾、正直敢諫之人。

〔2〕釣築：漁釣和版築。用周呂尚釣於磻溪和傅說舉於版築的故事。後用作君臣遇
　　　合之典。岩溪：山林溪水。指隱居之地。

〔3〕侃侃：和樂貌。紫陽翁：傳說中古代神仙常以紫陽為稱號。如周穆王時李八百
　　　號紫陽真君，漢周義山、宋張伯端俱號紫陽真人。亦用以泛指道士。

〔4〕桃李蹊：比喻吸引眾人奔趨的地方。

〔5〕淳熙：淳正熙洽。又，南宋孝宗的年號。

〔6〕南岩：為道教所稱真武得道飛昇之「聖境」，是武當山三十六岩中風光最美的
　　　一處。

〔7〕培塿：「部婁」。小土丘。

〔8〕峴首碑：即峴山碑。晉羊祜任襄陽太守，有政績。死後當地人以其常遊峴山上
　　　樹廟立碑，紀念之，稱「峴山碑」。

〔9〕合暌：合，相同，相投；暌：分離。

〔10〕棲棲：孤寂零落貌。

去歲重陽日得彥威信，附六月間二小侄及從弟侄所寄書，自蜀閬遞中附至歷言：去冬今春所遭兵禍及有司督迫科調之苦，喜其存全，哀其窘蹙，灑涕如霰，寄訊邀其下峽，而邊事又告急，未知其達與否也。會杪冬見邸報，宣諭使者余公侍郎改命授鉞，盡護蜀師，意欲以此事歸控骨肉，會聚茲事，其諧矣。喜極涕零，遂成長篇〔1〕

令節恩賜沐，把菊開清尊。天涯信音來，拆緘為一欣。展視未竟幅，淚雨溢幌帉〔2〕。辭家甫八年，邊塵覆全坤。平生幾親故，半為兵死魂。縱脫虎口涎，亦復馬鬣墳。所幸二猶子，從弟偕諸孫。崎嶇矛戟中，偶得性命存。意欲守丘壟，死不去榆枌〔3〕。是時陳理卿，受命開帥垣。奮身艱危際，勉圖戡濟勳。鏟壕峙城壁，鋤荒列營屯。敵至誓固守，為力良艱勤。變故起肘腋，轅帳塞輴輼〔4〕。一死事則已，萬恨誰與論。遺氓能幾何，天未許貸原。貙虎暫斂退，寇盜還紛紛。哀我數子者，挈孥競驚奔。亦不免維縶，恐迫甚溺焚。掠奪幸得脫，歸來匿空村。生涯蕩無餘，暴斂何寡恩。萬里遠訴我，重我憂心薰。爾苦我得知，爾創我得捫。豈不憶松檟，歲時薦炮燔。永惟宗祀計，忍自遏其源。威也託我久，尚以窮愁言。寧不思爾曹，命危豺虎群。安得田二頃，有屋休寒暄。

順風招之來，相與共饔餐。皇后職生化，蟄蟄庶且蕃。胡忍趣其斃，獺割如羔豚。凤傳老上殂，國亂猶絲棼。若為秋風高，已復群吠狺。呼童具黑瀋〔5〕，襞紙當前軒。萬一郵傳通，庶幾信息聞。嚴裝理航棹，及春下荊門。余公新受鉞，尚義氣薄雲。感我骨肉念，不難隻手援。茲計不早決，噬臍何復云。憤極思一吐，聲出輒復吞。長謠欲上訴，九穹隔重閽。劫運極必復，玉石可不分。

〔校注〕

〔1〕彥威：即和彥威。端平元年（1234）為金州知州。三年八月，元兵入蜀，彥威遣兵守饒風，元兵不攻而過。彥威與州判蹇彝，謀于忠順統制張琛，擬搗其虛。十一月提兵五千。從金州箭口十八谷詣長安襲之。時元兵至成都，不久駐者，以彥威牽制之力也。及元兵自鳳州出，彥威始率軍歸。其後諸州殘敗，彥威獨守金州孤城，外絕救援，堅壁屹立。明年六月元軍從谷口掩至，百道攻城，金州陷，彥威死之。按：題中所言事與彥威事合，應屬同一人。《滄州塵缶編》卷九有《和彥威紀事二首》。

〔2〕帨帉：宋蘇軾《沉香山子賦》：「幸置此於几席，養幽芳於帨帉，無一往之發烈，有無窮之氳氲。」宋陸游《丈人觀》詩：「物怪蠡蠡冠丘墳，仙人佩玉雜帨帉。」

〔3〕榆枌：指故鄉。宋范成大《判命坡》詩：「早晚北窗尋噩夢，故應含笑老榆枌。」

〔4〕轒輼（fénwēn）：又名轒輼車，古代攻城武器名。為四輪無底木車，上蒙牛皮抵禦城上箭矢，人在車中推車前行，可掩護士卒抵近城牆進行攻擊，但無法直接破壞城牆。一車可藏十人左右。《武經總要》：「輼轒車，下虛上蓋，如斧刃（其車梯盤勿施桄板，中可容人著地推車），載以四車輪，其蓋以獨繩為脊，以生牛皮革蒙之。中可蔽十人，壕隍推之，直抵城下攻厥。」

〔5〕黑瀋：指墨汁。

以堰事走永康宿金馬早行見雪山排霄極明麗因感行役之苦邛守程叔達郎中便民五事欲牛溪轉船朝廷下其議於帥臣監司不知眾議僉諧否也〔1〕

雨響清客夢，雨晴催客行。迴野曉寥落，界天玉崢嶸。銀海眩雙照〔2〕，瓊鉤對孤明〔3〕。英雲強吐吞，杲日還晶熒。邂逅得奇觀，瞻相愜幽情。意疑邃古初〔4〕，立極扶西傾〔5〕。誰知絕險外，復有蓬婆城〔6〕。

青天危挽輸〔7〕，剽攘加怖驚〔8〕。奏函籲眾戚〔9〕，仁言讋宗英〔10〕。早願虎口奪，少紓魴尾赬〔11〕。不勞嚴僕射，分弓窺敵營。

〔校注〕

〔1〕永康：古稱麗州，浙江省金華市代管縣級市，位於浙江省中部的低山丘陵地區。金馬：借指翰林院。郎中：官名。尚書諸曹郎中，郎中為尚書曹司之長。分掌各司事務，為尚書、侍郎之下的高級官員。帥臣：宋代諸路安撫司的長官稱帥臣。後泛稱統帥，主將。監司：監察。僉諧：指共同認定，一致認可。　　程叔達（1120～1197），字元誠，徽州黟縣（今屬安徽）人，程邁從孫。紹興十二年進士，歷興國、光化、湖州教授。通判臨安府，知通州。淳熙元年，除宗正少卿，累遷中書舍人、權給事中，為湖南轉運副使。九年，提點浙西刑獄，知隆興府。慶元三年卒，年七十八，諡壯節。著有《玉堂集》等書，已佚。

〔2〕銀海：古代帝王陵墓中灌注水銀製造的人工湖。典出《史記．秦始皇本紀》：「始皇初即位，穿治酈山乃併天下，天下徒送詣七十餘萬人，穿三泉，下銅而致槨……以水銀為百川江河大海。」此指雪海。

〔3〕瓊鉤：月亮。出於庾信《燈賦》：「瓊鉤半上，若木全低。」　　若木：樹名。古稱日沒之處。

〔4〕邃古：遠古。

〔5〕立極：登帝位；秉國政。

〔6〕蓬婆城：地名，在吐蕃。

〔7〕青天：喻指清官。挽輸：猶運輸。

〔8〕剽攘：掠奪。

〔9〕眾戚：謂諸貴戚近臣。

〔10〕宗英：皇室中才能傑出的人。

〔11〕紓：緩和，解除。魴尾赬：《詩．周南．汝墳》：「魴魚赬尾，王室如燬。」毛傳：「赬，赤也；魚勞則尾赤。」後因以形容人困苦勞累，負擔過重。

和陸放翁笑詩呈雲端子

道人身佩含景蒼精龍，灑落不與流俗同。酒酣興逸不覺一捧腹，那似義府有刀藏其中〔1〕。人間萬事誰醜復誰好，兒童何知不必便驚倒。試問虎溪三士之樂如此不〔2〕，霜寒夜永勿遣虛觥籌〔3〕。

〔校注〕

〔1〕義府：義理之府庫。

〔2〕虎溪三士：佛門傳說，虎溪在廬山東林寺前，相傳晉僧慧遠居東林寺時，送客
　　　不過溪。一日陶潛（陶淵明）、道士陸修靜來訪，與語甚契，相送時不覺過溪，
　　　虎輒號鳴，三人大笑而別。後人於此建三笑亭。

〔3〕觥籌：酒器和酒令籌。

山中戲雲端子

追路歸山後，開關喚客眠。那知言在耳，已作醉逃禪〔1〕。急雪濃篩瓦〔2〕，中宵冷透氈。清愁分不盡，惜別意凄然。

〔校注〕

　〔1〕逃禪：逃出禪戒。李白《飲中八仙歌》：「蘇晉長齋繡佛前，醉中往往愛逃禪。」

　〔2〕篩瓦：謂從瓦隙穿過。

嘲清德堂前紫薇花仍代答

其一

襞積仙裾耀紫霞〔1〕，西清兩月擅芳華〔2〕。託身塵土寧非誤，何不西垣侍判花〔3〕。

〔校注〕

　〔1〕襞積：衣服上的褶襉。仙裾：衣袖之美稱。

　〔2〕西清：清德堂西廂清淨之處。

　〔3〕西垣：唐宋時中書省的別稱。因設於宮中西掖，故稱。判花：指判詞文書。

其二

文章不辨演絲綸〔1〕，失腳塵勞勿更論〔2〕。茵壞飛花適然耳，一觴聊復伴黃昏。

〔校注〕

　〔1〕絲綸：《禮記‧緇衣》：「王言如絲，其出如綸。」孔穎達疏：「王言初出，微細
　　　如絲，及其出行於外，言更漸大，如似綸也。」後因稱帝王詔書為「絲綸」。

　〔2〕塵勞：泛指事務勞累或旅途勞累。

王　邁

　　王邁（1184～1248），字貫之，一字實之，號臞軒居士，仙遊（今屬福建）人。寧宗嘉定十年（1217）進士。調潭州觀察推官、南外睦宗院教授，召試學士院，改通判漳州。淳祐中，知邵武軍。卒贈司農少卿。邁直言敢諫，被理宗斥為「狂生」，因以「敕賜狂生」自嘲。有《臞軒集》。今錄戲謔詩 13 首。

讀誠齋新酒歌仍效其體

　　先生出奇作新酒，自作自歌自為壽。酒徒若欲舉吾杯，先挽天河濯渠手。誰知先生詩更奇，刊落陳言付薙狗。俗人慾誦先生詩，先吸天漿漱渠口。古來作酒稱杜康，作詩只說杜草堂。舉世無人傳得方，奄有二杜惟一楊。先生此味誰能嘗，卻曾見此糟蟹黃。一片入口風韻長，餘子祇慕大官羊〔1〕。天公生我太遲後，不作先生牛馬走。低頭乞取酒百壺，咽下先生詩萬首。先生騎鯨上天遊，問著許儂知味否。

〔校注〕
〔1〕大官羊：大，通「太」。黃庭堅《謝送碾壑源揀芽》：「春風飽識太官羊。」任淵注：「《國史·職官志》：『太官令，屬光祿寺，掌膳羞割烹之事。』」

蔡實甫能酒而道中無可口者見其吻噪成長篇戲之〔1〕

　　吾祖方平至君家〔2〕，絲麟談笑酌流霞〔3〕。麻姑綽約時在坐〔4〕，癢處思得姑爪爬。我今與君豈其裔，彈指又經千百歲。文采風流今尚存，仙風道骨知誰繼。今宵月明明更多，有客無酒如月何。唇乾吻噪甚背癢，

安得玉壺瀉金波。白玉樓臺月如晝〔5〕，屋貯阿嬌車載酒。元君再會倘可期〔6〕，我當起舞為君壽。

〔校注〕

〔1〕蔡實甫：不詳。作者另有《歲暮呈同行蔡實甫》詩。

〔2〕方平：傳說中漢桓帝時神仙王遠的字。相傳有一次，王遠和麻姑相約到蔡經家去飲酒。

〔3〕絲麟：不詳。流霞：指美酒。

〔4〕麻姑：神話中仙女名。晉葛洪《神仙傳》：傳說東漢桓帝時曾應仙人王遠（字方平）召，降於蔡經家，為一美麗女子，年可十八九歲，手纖長似鳥瓜。蔡經見之，心中念曰：「背大癢時，得此爪以爬背，當佳。」方平知經心中所念，使人鞭之，且曰：「麻姑，神人也，汝何思謂爪可以爬背耶？」麻姑自云：「接侍以來，已見東海三為桑田。」又能擲米成珠，為種種變化之術。

〔5〕白玉樓：傳說唐詩人李賀晝見緋衣人，云「帝成白玉樓，立召君為記。天上差樂，不苦也」，遂卒。見唐李商隱《李長吉小傳》。此用字面義。

〔6〕元君：道教語。女子成仙者之美稱。

嘲解十首

其一

主聖時平諫諍無〔1〕，子胡不善效轅駒〔2〕。庸庸隨物例多福，皦皦出塵良易污〔3〕。填海誰憐精衛苦〔4〕，移山可笑此翁愚〔5〕。鳴鐘鼎食不知愛〔6〕，卻愛山中飯糲粗。〔7〕

〔校注〕

〔1〕主聖：君主聖明。諫諍：直言規勸。

〔2〕轅駒：指車轅下不慣駕車之幼馬。亦比喻少見世面器局不大之人。

〔3〕皦皦：白淨貌；光明磊落。

〔4〕填海：指古代神話中精衛鳥填海的事。亦比喻冤恨極深或意志堅定。

〔5〕移山：《列子·湯問》載：北山愚公舉家移太行、王屋二山的寓言。後多以比喻不怕困難，堅持不懈幹到底的頑強決心或稱頌有志者事竟成的堅毅精神。

〔6〕鳴鐘鼎食：列鼎而食。指世家大族的豪奢生活。

〔7〕自注：「嘲。」

其二

杞天之下夜長吁，朝上封章肝膽刳〔1〕。自是諸公忌生語〔2〕，不應聖主怒狂夫。我將行禮敖嫌簡，子欲正名由笑迂〔3〕。寧作首陽人餓死〔4〕，不為仗馬戀生芻。〔5〕

〔校注〕

〔1〕封章：言機密事之章奏皆用皂囊重封以進，故名封章。亦稱封事。

〔2〕生語：梗直的話。

〔3〕由：仲由，字子路，孔子弟子。

〔4〕首陽人：指伯夷、叔齊這樣的隱士。

〔5〕自注：「解。」　　仗馬：比喻坐享俸祿而不敢言事之官。《新唐書·姦臣傳·李林甫》：「林甫居相位凡十九年，固寵市權，蔽欺天子耳目，諫官皆持祿養資，無敢正言者。補闕杜璡再上書言政事，斥為下邽令。因以語動其餘曰：『明主在上，群臣將順不暇，亦何所論？君等獨不見立仗馬乎？終日無聲，而飫三品芻豆；一鳴，則黜之矣。後雖欲不鳴，得乎？』由是諫爭路絕。」生芻：鮮草。

其三

一相當朝總百官，升沉只在笑談間〔1〕。及門炙手趨炎火〔2〕，傾國將身靠泰山。子獨何人蜉撼樹〔3〕，眾皆重足虎當關〔4〕。仙舟已到蓬萊境，卻被波神勒取還。〔5〕

〔校注〕

〔1〕升沉：升謂陞進，沉謂黜退。指仕宦之升降進退。

〔2〕及門：《論語·先進》：「子曰：『從我於陳蔡者，皆不及門也。』」本謂現時不在門下，後以「及門」指受業弟子。

〔3〕蜉撼樹：蚍蜉撼樹，比喻其力量很小，而妄想動搖強大的事物，不自量力。

〔4〕重足：迭足不前。形容非常恐懼。

〔5〕自注：「嘲。」波神：水神。

其四

孤士每蒙丞相嗔〔1〕，人心不泯是非真。瓘為苦語攻奸蔡〔2〕，銓出危言忤老秦〔3〕。此事古來曾有樣，如今天下幾無人。西山夫子深窮理〔4〕，能以逢幹作保身。〔5〕

〔校注〕

〔1〕孤士：指不苟同時俗的高士。三國魏阮籍《詠懷》之四九：「豈有孤行士，垂涕悲故時！」

〔2〕瓘：陳瓘。奸蔡：指姦臣蔡京，北宋權相之一。《宋史》列傳載：「諫官陳瓘論其交通近侍，瓘坐斥，京亦出知江寧，頗怏怏，遷延不之官。」

〔3〕銓：胡銓，南宋文學家，愛國名臣，盧陵「五忠一節」之一。紹興八年（1138年），秦檜主和，胡銓抗疏力斥，乞斬秦檜與參政孫近、使臣王倫，聲振朝野。

〔4〕西山夫：伯夷、叔齊的代稱。

〔5〕自注：「解。」

其五

　　邊塵四面逐雲飛，正是英盧得志時〔1〕。西洛故疆將克復〔2〕，北軍新銳屬羈縻〔3〕。智名功勇渠何欠，跋扈飛揚子過疑。消得騰章來辨析〔4〕，臺臣慮患可無詞〔5〕。

〔校注〕

〔1〕英盧：才能出眾，才能出眾的人，英才。

〔2〕故疆：原有的疆域。

〔3〕羈縻：指羈縻州。

〔4〕騰章：上奏章。

〔5〕自注：「嘲。」　　臺臣：指宰輔重臣。

其六

　　狄青心不負朝廷〔1〕，跋扈人疑漸有萌。琦不押班嬰眾怒〔2〕，浚私鑄印被臺評〔3〕。巨公未免憂清議〔4〕，之子如何諱此名。若使滿朝無一語，晚唐藩鎮禍胎成〔5〕。

〔校注〕

〔1〕狄青：字漢臣，汾州西河（今山西）人，面有刺字，善騎射，人稱「面涅將軍」。他出身貧寒，宋仁宗寶元元年（1038年）為延州指揮使，勇而善謀，在宋夏戰爭中，他每戰披頭散髮，戴銅面具，衝鋒陷陣，立下了卓越的戰功。狄青生前，備受朝廷猜忌，導致最後抑鬱而終。

〔2〕琦：韓琦。御史中丞王陶首論即劾時相韓琦等不押班文德殿「為跋扈」，為「隳廢朝議」。實屬無事生非，以德報怨，目的是把元老重臣打壓下去。押班：百官朝會時領班，管理百官朝會位次。嬰：通「攖」。觸犯。

〔3〕浚：張浚。鑄印：鑄造官印。臺評：御史臺的彈劾。

〔4〕鉅公：指王公大臣。清議：即「清談」。用王衍典。對時政、人事的議論；社會輿論。

〔5〕自注：「解。　余嘗有《三跋扈辨》。」藩鎮禍胎：指晚唐三大弊端之一的「藩鎮割據」。唐代初年在重要各州設都督府，睿宗時設節度大使，玄宗時又在邊境設置十節度使，通稱「藩鎮」。各藩鎮掌管一個地區的軍政，後來權力逐漸擴大，兼管民政、財政，掌握全部軍政大權，形成地方割據，常與朝廷對抗。

其七

西山名節太崢嶸〔1〕，洪魏同時俱有聲。斥去不妨為寶慶，出來亦只做端平〔2〕。事師如子何為諂，植黨旁人笑好名〔3〕。婺女諫官良解事〔4〕，正邪辨析極分明。〔5〕

〔校注〕

〔1〕西山：山名。指首陽山。在今山西省永濟縣南。相傳伯夷、叔齊隱居於此。

〔2〕寶慶、端平：俱為宋代年號。

〔3〕植黨：結黨；樹立黨羽。

〔4〕婺女：星宿名，即女宿。又名須女，務女。二十八宿之一，玄武七宿之第三宿，有星四顆。

〔5〕自注：「嘲。婺李再劾，以為不當諂事真某，交結洪某、魏某。」

其八

三賢千載共襟期〔1〕，出處存亡同一時〔2〕。吾道非耶天詎測，斯人已矣我疇依。希文若在甘為黨〔3〕，邢恕無知卻背師〔4〕。坐此褫官吾不恨〔5〕，恨他同傳是韓非。〔6〕

〔校注〕

〔1〕襟期：襟懷、志趣。

〔2〕出處：謂出仕和隱退。

〔3〕希文：范仲淹字希文，北宋著名的思想家、政治家、軍事家、文學家。

〔4〕邢恕：字和叔，鄭州陽武（今河南原陽）人。博貫經籍，有戰國縱橫習，宋神宗熙寧間登進士第，官崇文院校書。元豐時，進職方員外郎，與蔡確相勾結。哲宗立，遷右司員外郎、起居舍人，旋貶知隨州，再貶監永州酒稅。紹聖間被起用，官至御史中丞，助章惇、蔡卞執政，大肆打擊元祐諸臣，又誣高太后曾有廢哲宗之謀。後欲陷章惇，反為惇所陷，貶居均州。徽宗時，蔡京當國，復起為鄜延、涇原經略安撫使，以安邊無策，再被貶。後復顯謨閣待制，卒。《宋史》卷四七一有傳。

〔5〕褫官：革除官職。

〔6〕自注：「解。」

其九

君臣大義等乾坤，兄弟何曾繫大倫〔1〕。齊霸分明誅子糾〔2〕，唐宗決裂用讎臣〔3〕。向時諸老空饒舌，何物狂生又犯鱗〔4〕。一自蔣坡新語出〔5〕，斯知世有讀書人〔6〕。

〔校注〕

〔1〕大倫：指封建社會的基本倫理道德。

〔2〕誅子糾：齊桓公在鮑叔牙的協助下與公子糾爭位成功。鮑叔帥師來言曰：「子糾，親也，請君討之；管、召，仇也，請受而甘心焉。」乃殺子糾於生竇。召忽死之。管仲請囚，鮑叔受之，及堂阜而稅之。歸而以告曰：「管夷吾治於高傒，使相可也。」公從之。見《左傳》《齊桓公入齊》。

〔3〕讎臣：用仇家的臣子，指用不計前嫌的有才能的大臣。

〔4〕犯鱗：《韓非子·說難》：「夫龍之為蟲也，柔可狎而騎也。然其喉下有逆鱗徑尺，若人有嬰之者，則必殺人。人主亦有逆鱗，說者能無嬰人主之逆鱗，則幾矣。」後以「犯鱗」喻臣子冒死直諫。

〔5〕蔣坡：疑為蔣峴，字伯見，宋朝侍御史。《續資治通鑑》一六九宋理宗嘉熙元年五月亦云：「初，進士潘牥對策曰：……語多追咎史彌遠。彌遠雖死，徒黨尚盛。於是侍御史蔣峴謂火災天數，何預故王，遂疏劾起居舍人方大琮，正字王邁，編修劉克莊等鼓煽異論，並斥牥性同逆賊，語涉不順，請皆論以漢法。自是群臣無復敢言濟王之冤者。」

〔6〕自注：「嘲。蔣三劾以不當言濟王事，以齊威公殺子糾、唐太宗用王魏事為證。」

其一〇

　　霸者成功如彼卑，孔門童子恥稱之。盡倫大舜斯為至〔1〕，有過周公不亦宜〔2〕。古者責難誠意切，今人逢惡大經纏〔3〕。若教新語宜垂世，可廢八章棠棣詩〔4〕。

〔校注〕

〔1〕大舜：對舜的尊稱。

〔2〕周公：西周初期政治家。姓姬名旦，也稱叔旦。文王子，武王弟，成王叔。輔武王滅商。武王崩，成王幼，周公攝政。東平武庚、管叔、蔡叔之叛。繼而釐定典章、制度，復營洛邑為東都，作為統治中原的中心，天下臻於大治。後多作聖賢的典範。

〔3〕經纏：怠惰。通「惰」。

〔4〕自注：「解。」　棠棣：《詩・小雅・棠棣》是一篇申述兄弟應互相友愛的詩作，後因以「棠棣」喻指兄弟。張九齡《和韋尚書答梓州兄南序宴集》：「棠棣有餘興，烏衣有舊遊。」

元宵觀燈〔1〕

　　元宵燈火出遊敖〔2〕，鬥巧爭妍照彩鼇。官府只知行樂好〔3〕，誰知點點是民膏。

〔校注〕

〔1〕《後村千家詩》卷三題作「嘲科費」。

〔2〕出遊敖，同上書作「科費條」。

〔3〕好，同上書作「事」。

劉氏內政及二寵同孕〔1〕

　　中秋過後纔十日，廣寒侍人遭譴謫。墮在人間富貴家，依前不離姮娥側。劉郎風流世所無〔2〕，醉中飲啖無精粗。三胎聞已俱孕秀，次第門外連懸弧〔3〕。老子釋氏親抱送〔4〕，想應屢入維熊夢〔5〕。我今預作弄璋書〔6〕，君須早辦湯餅供。

〔校注〕

〔1〕劉氏內政：劉姓內政。

〔2〕劉郎：指標題中的劉氏。

〔3〕懸弧：古代風俗尚武，家中生男，則於門左掛弓一張，後因稱生男為懸弧。

〔4〕老子：春秋時期思想家。道教的創始人。釋氏：佛姓釋迦的略稱。這裡指佛教的創立者釋迦牟尼。

〔5〕維熊：《詩‧小雅‧斯干》：「吉夢維何？維熊維羆……維熊維羆，男子之祥。」鄭玄箋：「熊羆在山，陽之祥也，故為生男。」後即以「維熊」為祝生男之辭。

〔6〕弄璋：《詩‧小雅‧斯干》：「乃生男子，載寢之床，載衣之裳，載弄之璋。」毛傳：「半圭曰璋……璋，臣之職也。」詩意祝所生男子成長後為王侯，執圭璧。後因稱生男為「弄璋」。

卷二十九

袁　甫

袁甫（1180～1246），字廣微，號蒙齋。慶元府鄞縣（今浙江寧波）人。寧宗嘉定七年（1214）進士第一。官至中書舍人、兵部尚書兼吏部尚書，追贈通奉大夫，謚正肅。學問廣博，且勤於筆耕，著有《蒙齋集》。今錄戲謔詩1首。

辛亥寒食清明之交杜陵先生暫歸省謁與諸生食罷遊後園獨坐蕭然戲作長句示諸兒 〔1〕

春風吹花次第芳，桃紅李白薔薇黃。榆錢柳絮飛欲狂〔2〕，酴醿引蔓草木香〔3〕。老人燕坐窺虞唐〔4〕，目覽千載遊八荒。群兒奔趨如群羊，走過東阡復西廂。歸來汗喘無可將，何如明窗治墨莊〔5〕。讀誦經史聲琅琅，音節閒美非笙簧。有如農夫勤理秧，秋來乃有千斯倉。先生既至心不忙，背念袞袞傾三湘〔6〕。一語蹇吃涕泗滂〔7〕，老大空腹徒悲傷。聖明天子坐未央，收拾俊傑羅文章。裒然舉首充賢良〔8〕，仲舒軾轍俱軒昂〔9〕。吾家有子雛鳳凰，聲價一日馳帝鄉。隨群逐隊恣頡頏〔10〕，終抱糞壤如蜣蜋〔11〕。

〔校注〕

〔1〕杜陵先生：指唐杜甫。長句：指七言古詩。後兼指七言律詩。

〔2〕榆錢：榆莢。因其形似小銅錢，故稱。

〔3〕酴醿：花名。俗作荼醾、荼蘼、佛見笑、獨步春。開於暮春，重瓣空心泡，是薔薇科懸鉤子屬空心泡的變種。宋張邦基《墨庄漫錄》卷九：「酴醿花或作荼

蘼，一名木香。」《淵鑒類函》卷四百六十：「《群芳譜》曰：一名獨步春，一名百宜面，一名瓊綏帶，一名雪纓絡，一名沉香蜜友，大朵千瓣，香微而清，本名荼蘼，一種色黃似酒，故加酴字。唐時寒食宴，宰相用酴醾酒。」《清異錄》卷三亦有記載。蘇軾《杜沂游武昌以酴醾花菩薩泉見餉》詩：「酴醾不爭春，寂寞開最晚。」侯寘《四犯令》詞：「明日江郊芳草路，春逐行人去。不似酴醾開獨步。能著意、留春住。」

〔4〕燕坐：安坐；閒坐。虞唐：指上古人民康樂、政治清明的理想時代。

〔5〕自注：「陳省華夫人事。」　　墨莊：指藏書；書叢。

〔6〕三湘：泛指湘江流域及洞庭湖地區。

〔7〕蹇吃：口吃；言語不順利。蹇，通「謇」。

〔8〕褎然舉首：謂出眾，超出同輩而居首席。

〔9〕仲舒：漢哲學家、今文經學家董仲舒。軾轍：宋代文學家蘇軾和蘇轍的並稱。

〔10〕頡頏（xié hang）：謂不相上下，相抗衡。

〔11〕蜣蜋：亦作「蜣螂」。昆蟲。全體黑色，吃糞屎和動物的屍體，俗稱屎殼郎、坌屎蟲。

釋智愚

釋智愚（1185～1269），號虛堂，俗姓陳，四明象山（今屬浙江）人。十六歲出家，遍歷諸老宿之門，住多寺，為運庵禪師法嗣。有《虛堂智愚禪師語錄》。今錄戲謔詩 1 首。

墨戲屠生善老融牛

草木傳真筆力高，戴嵩牛在一秋毫〔1〕。此行莫擬天台去〔2〕，忍作孤僧過石橋。

〔校注〕

〔1〕戴嵩：唐代畫家，師韓滉。善畫水牛、田園風景。畫牛尤有神韻。世因稱其所畫之牛為「嵩牛」。

〔2〕天台：山名。佛教聖地。

陳元晉

陳元晉（1186，1190～？），字明父。蜀（今四川）人，後居崇仁（今屬江西）。寧宗嘉祐四年（1211）進士，歷知福州、融州、南安軍，遷廣東經略使，累官邕管安撫使。曾建漁墅書院。著有《漁墅類稿》。今錄戲謔詩 6 首。

李徽猷病後許賞蓮而未酬小詩發一笑〔1〕

僧夏分來一榻涼，愛蓮更擅水雲鄉〔2〕。露融初日敷朝採，雨卷涼飆送晚香。天女群參青葉髻，水仙爭護紫荷囊。一絲不掛根塵淨〔3〕，莫怪先生久覆觴。

〔校注〕

〔1〕李徽猷：《汀州蓮城志》「宮室」：「三賢堂，在蓮城縣東田寨上。奉招使陳大參轄、郡守李徽猷華、權郡王大夫杆，皆以紹定平寇功也。」《汀州府‧臨汀志》：「見思堂，在興賢坊內貢院之左，奉李徽猷華。紹定間，寇叛交訌，公平定之，民受更生之賜，為創祠堂。」李華，建安人。嘉定十一年（1207 年）為英州知州。

〔2〕水雲鄉：水雲彌漫，風景清幽的地方。多指隱者遊居之地。

〔3〕一絲不掛：佛家用語，意指通體透徹，已排除萬般物慾，不為俗塵情事所累。

擊毬口號戲陳統制〔1〕

築場千步柳營東〔2〕，樽俎精神坐折衝〔3〕。星彈流空驚過鳥，霜蹄追電捷遊龍。身輕鞍馬人如畫，膽落猩鼯穴已空〔4〕。歸去翠眉環玉帳，釵兒多乞錦纏紅。

〔校注〕

〔1〕擊毬：同擊鞠（也就是現代的馬球），亦稱打球或擊毬，唐代較為盛行。統制：
官名。北宋於出師作戰時選拔一人為都統制，總轄諸將。至南宋建炎初設置御
營司都統制，始為職官名。又有統制、同統制、副統制等。見《宋史·職官志
七》。

〔2〕柳營：漢周亞夫為將軍，治軍謹嚴，駐軍細柳，號細柳營。後因稱嚴整的軍營
為「柳營」。

〔3〕樽俎：指宴席。折衝：武官名。北魏有折衝將軍。見《宋書·柳元景傳》。

〔4〕猩鼯：即「鼬鼯」。黃鼬、大飛鼠。

韶石使君年丈扁舟過我於松桂林敬哦小詩留為一日款就寄石洲主人以發千里外一笑也〔1〕

其一

十五年前會五羊〔2〕，都門再別九年強〔3〕。君榮韶石州麾出，我窘
文江縣債償〔4〕。人世能消幾離別，征塗何用許奔忙。梅前菊後風光好，
且為儂留共一觴。

〔校注〕

〔1〕韶石：山岩名。在廣東省曲江縣（舊屬韶州）。傳說舜遊登此石，奏《韶》樂，
因名。使君：尊稱州郡長宮。

〔2〕五羊：廣州的別名。相傳古代有五仙人乘五色羊執六穗秬而至此，故稱。見《太
平寰宇記·嶺南道一·廣州》引《續南越志》。

〔3〕都門：指京都城門。

〔4〕文江縣：今越南興安河下轄的一個縣。

其二

黃雀長行萬里餘，煩渠就寄數行書。常懷李白詩無敵，莫怪韋郎跡
也疏〔1〕。玉節榮光何恨速〔2〕，石洲風物正關渠。同年相逐雲龍處〔3〕，
應念吾儂乃一豬〔4〕。

〔校注〕

〔1〕韋郎：韋應物，中唐詩人。

〔2〕玉節：指持節赴任的官員。

〔３〕雲龍：喻朋友相得。

〔４〕吾儂：我。

過南雄調木侍〔１〕

其一

句法清嚴舊有聲，親傳詩學自趨庭〔２〕。添丁只解供耘耔〔３〕，不似盧全獨抱經〔４〕。

〔校注〕

〔１〕自注：「抱經居士之子也。」　　按：木待問（１１４０～１２０２），字蘊之，號抱經居士。世居瑞安，紹興十四年（１１４４）隨父遷郡城永嘉（今溫州）。自幼好學，博及經史，隆興元年（１１６３）進士第一。官至煥章閣待制、禮部尚書。南雄：位於廣東東北部，大庾嶺南麓，毗鄰贛、湘，嶺南通往中原的要道，史稱「居五嶺之首，為江廣之衝」「枕楚跨粵，為南北咽喉」。

〔２〕趨庭：《論語·季氏》：「（孔子）嘗獨立，鯉趨而過庭。曰：『學詩乎？』對曰：『未也。』『不學詩，無以言。』鯉退而學詩。他日，又獨立，鯉趨而過庭。曰：『學禮乎？』對曰：『未也。』『不學禮，無以立。』鯉退而學禮。」鯉，孔子之子伯魚。後因以「趨庭」謂子承父教。

〔３〕添丁：唐盧全生子，取名「添丁」，意謂為國家添一丁役（服力役的壯丁）。耘耔：語本《詩·小雅·甫田》：「今適南畝，或耘或耔。」謂除草培土。後因以「耘耔」泛指從事田間勞動。

〔４〕盧全：唐詩人，初唐四傑盧照鄰嫡系子孫。韓孟詩派重要人物。

其二

道遠胡為至此哉，班行見說正須才〔１〕。多應詩興清無奈，特為觀梅故一來〔２〕。

〔校注〕

〔１〕班行：指朝官。

〔２〕觀梅：大庾嶺有梅花。南朝宋陸凱《贈范曄》：「折花逢驛使，寄與隴頭人。江南無所有，聊贈一枝春。」

曾由基

曾由基，字朝伯，號蘭堂，三山（今福建福州）人。仕宦臨安，嘗受託校勘《春秋分紀》《李雁湖文集》。與陳鑑之交遊。著有《蘭墅集》《蘭堂續稿》，已佚。今錄戲謔詩 2 首。

嘲蠟梅

孤芳不被雪霜欺，占得南枝最崛奇。氣骨不凡風韻少，呂醫初見退之詩〔1〕。

〔校注〕

〔1〕呂醫：名不詳。韓愈有《答呂醫山人書》。

中書程先生委校勘春秋分紀大參李雁湖文集因元夕戲成一絕〔1〕

雪柳梢頭鬧玉梅〔2〕，萬家燈火月樓臺。校讎幸不開天上〔3〕，省得扶藜太乙來〔4〕。

〔校注〕

〔1〕中書：官署名。唐代的中書省、宋代的政事堂，亦直稱為「中書」。大參：參政的別稱。李雁湖：即李壁（1158～1222），字季章，號雁湖、石林，眉州丹棱人。父李燾，典國史。著有《雁湖集》一百卷等。壁父子與弟埴皆以文學知名，蜀人比之「三蘇」云。

〔2〕雪柳：落葉灌木。葉子披針形或卵狀披針形，有光澤，花白色，有香氣。供觀賞。也叫過街柳或稻柳。玉梅：白梅花。

〔3〕校讎：一人獨校為校，二人對校為讎。謂考訂書籍，糾正訛誤。

〔4〕太乙：天神名。

劉克莊

劉克莊（1187～1269），初名灼，字潛夫，號後村居士，莆田（今屬福建）人。以蔭入仕，理宗淳祐六年（1246），賜同進士出身。歷官簽書樞密院事、工部尚書等職，以龍圖閣學士致仕。卒諡文定。著有《後村大全集》。今錄戲謔詩 37 首。

戲孫季蕃〔1〕

少日逢春一味癡，輕鞭小袖趁芳時。常過茶邸租船出，或在禪林借枕欹〔2〕。名妓難呼多占定，好花易落況開遲。身今惟悴投空谷〔3〕，悔不當年秉燭嬉。

〔校注〕

〔1〕孫季蕃（1179～1243）：名維信，號花翁，開封人，居婺州，以蔭入仕，後棄官隱居西湖，有《花翁集》。與杜範、戴復古、翁卷、吳文英等人相善。戴復古有詩《孫季蕃死，諸朝士葬之於西湖之上》：「卜宅西湖上，花翁死亦榮。詼諧老方朔，曠達醉淵明。風月生前夢，歌詩身後名。風流不可見，腸斷玉簫聲。」翁卷亦有詩《贈孫季蕃》。

〔2〕禪林：指寺院。僧徒聚居之處。欹：通「倚」。斜倚，斜靠。

〔3〕空谷：空曠幽深的山谷。多指賢者隱居的地方。

戲答同遊

君到中峰力不加，卻疑絕頂事皆誇。煙含晚市微分塔，日照鄰州近隔沙。

戲鄭閩清灼艾〔1〕

點穴不須醫〔2〕，針經手自披。既云丹熟後〔3〕，焉用火攻為〔4〕。簡出創牽步，端居痛上眉。閉門功行滿，應有解飛時。

〔校注〕

〔1〕鄭閩清：鄭燴，字君瑞。王宇《劉克莊與南宋學術》考證：「《大全集》卷三有《戲鄭閩清灼艾》和《答鄭閩清》兩詩，程譜嘉定十三年〔事蹟〕云：與鄭灼艾交往。以『灼艾』為鄭氏之名諱，顯誤。原詩云云。詳詩意乃鄭氏用艾草灸穴位以治療病痛，非其名諱也。今按：《大全集》卷四有《送鄭君瑞知閩清》，如果不囿於卷次之先後，則可知前之灼艾者即是此君瑞也，時為閩清宰。又據《後村詩話》後集卷二：『亡友鄭明府，舊和余詩云……高雅似其為人。鄭名燴，字君瑞。』知君瑞名燴，而明府之稱與縣宰之職正相吻合。君瑞卒於克莊中年時，程譜繫於紹定五年（1232），差似。《送鄭君瑞知閩清》作於克莊奉祠里居時，君瑞又與方孚若、林德遇（莆田林氏）遊，則其蓋為莆人。今檢《閩中理學淵源考》卷八《卓先傳》云，卓先與陳宓、鄭燴善；又《福建通志》卷二四《選舉》紹熙四年（1193）『博學宏詞科』莆田縣下有『鄭燴』之名，則上述推斷應是。」《重刊興化府志》「孝友」莆田縣宋龔坦條：「莆之善居喪，自鄭閩清燴後，鮮有及之者。」灼艾：中醫療法之一。燃燒艾絨薰灸人體一定的穴位。

〔2〕點穴：初習針灸之法。先於穴位注一墨點，然後施針。

〔3〕云丹熟：道士燒煉的丹藥。《隋書·隱逸傳·徐則》：「石髓方軟，雲丹欲成。」

〔4〕火攻：中醫用熱性藥或灼艾治病的方法。

戲書客舍〔1〕

已去光陰挽不回，漸驚老態逼人來。決河猶有方堪塞，脫髮應無術可栽。坁戍寶藏惟橄草〔2〕，南遊稛載是詩材〔3〕。客愁何物禁當得，聊向旗亭買一杯〔4〕。

〔校注〕

〔1〕作於嘉定十五年（1222），作者時三十六歲。

〔2〕坁戍：橋邊駐守。

〔3〕稛載：以繩束物，載置車上。

〔4〕旗亭：酒樓。懸旗為酒招，故稱。

米元章有帖云：「老弟《山林集》多於《眉陽集》，然不襲古人一句。子瞻南還，與之說，茫然歎久之，似歎渠倫也。」戲跋二首
〔1〕

其一

大令云亡筆不傳〔2〕，世無行草已千年。偶然遺下鵝群帖〔3〕，生出楊風與米顛〔4〕。

〔校注〕

〔1〕米元章：米芾。《後村詩話》卷四云：「米元章自謂《寶晉集》勝《眉山集》。」米芾自謂《山林集》《寶晉集》云云，則二集皆在米芾生前即有，非後人所輯。然劉克莊兩處所言相類，故疑《寶晉集》即《山林集》也。

〔2〕大令：指晉王獻之。《晉書·王珉傳》：「（王珉）代王獻之為長兼中書令。二人素齊名，世謂獻之為『大令』，珉為『小令』。」

〔3〕鵝群帖：王獻之傳世墨蹟，行書，八行，五十字，因多為米法，人們疑為米芾臨寫。

〔4〕楊風：五代時大書法家楊凝式因「時人以其縱誕，有『風子』之號焉」。米顛：北宋書畫家米芾的別號。米芾「所為譎異，時有可傳笑者」，被人們稱為「米顛」。

其二

二集一傳一不傳〔1〕，可能寶晉勝坡仙〔2〕。蘇郎不醉常如醉，米老真顛卻辨顛。〔3〕

〔校注〕

〔1〕二集：指詩題中的《山林集》《眉陽集》。《山林集》為米芾詩文集，共一百卷，南宋時已散佚。《眉陽集》不詳，似與蘇軾有關。

〔2〕寶晉：米芾齋名寶晉齋。坡仙：宋蘇軾號東坡居士，文才蓋世，仰慕者稱之為「坡仙」。

〔3〕自注：「世傳米老有《辨顛帖》。」《鐵圍山叢談》記載：「時彈文謂其顛，米又歷告魯公暨諸政，自謂久任中外，並被大臣知遇，一無有以顛薦者。世遂傳米老《辨顛帖》」。

聞祥應廟優戲甚盛二首〔1〕

其一

空巷無人盡出嬉，燭光過似放燈時。山中一老眠初覺，棚上諸君鬧未知。游女歸來尋墜珥，鄰翁看罷感牽絲〔2〕。可憐樸散非渠罪〔3〕，薄俗如今幾偶師〔4〕。

〔校注〕

〔1〕祥應廟：位於九華山南麓後卓、溪白村（古稱白杜村）交匯的黃岐埔，古時通往莆田的古驛道經過此地。宋紹興六年（1136）春，新廟落成。宋方略撰有《祥應廟記》。優戲：指表演樂舞或雜戲。

〔2〕牽絲：相思。

〔3〕樸散：謂演出中傀儡撲地散了架。

〔4〕偶師：稱弄木偶的藝人為偶師。

其二

巫祝讙言歲事詳〔1〕，叢祠十里鼓簫忙〔2〕。衣冠優孟名孫□〔3〕，□□□□□□□。□□閼氏成妬婦〔4〕，幻教穆滿作□□〔5〕。□□□□□□□，何必區區笑郭郎〔6〕。

〔校注〕

〔1〕巫祝：古代稱事鬼神者為巫，祭主贊詞者為祝；後連用以指掌占卜祭祀的人。

〔2〕叢祠：建在叢林中的神廟。

〔3〕衣冠優孟：楚相孫叔敖死，優孟著孫叔敖衣冠，摹仿其神態動作，楚莊王及左右不能辨，以為孫叔敖復生。事見《史記·滑稽列傳》。後因稱登場演戲為「衣冠優孟」。

〔4〕閼氏：指其他少數民族君主之妻妾。

〔5〕穆滿：指周穆王。

〔6〕何，原缺，據盧本補。　　郭郎：指戲劇行當中的丑角。

仲晦昆仲求近稿戲答二首〔1〕

其一

過去生平一念差，偶因薄技忝清華〔2〕。寧吟韓子將歸操〔3〕，不草

韋郎起復麻〔4〕。綺語預愁無間獄〔5〕，綸言見笑當行家〔6〕。而今老矣全瘖了〔7〕，匹似枯株不著花。

〔校注〕

〔1〕作於寶祐五年（1257，71 歲），時劉克莊舉明道宮里居莆田，其友溫陵徐明叔（字仲晦）、徐茂叔（字茂功）兄弟向其索要近稿，劉克莊答以二此詩。徐明叔：字仲晦，號擇齋，泉州晉江（今福建晉江）人。紹定五年進士，辟江淮制幕，秩滿，幹辦廣漕。除太學錄。通判漳州，以廉聞。擢知英德府，召為國子監丞。潮寇起，命知潮州，事遂平。除直秘閣、江西提刑。累官戶部、兵部侍郎。會元兵南下，憂憤卒。明叔學有原委，著有《擇齋文集》。見《閩中理學淵源考》卷三三。徐茂叔：字戀功。劉克莊有《徐戀功餉酒用其韻》。昆仲：稱人兄弟。長曰昆，次曰仲。

〔2〕清華：清麗華美。多指文章。

〔3〕韓子：指韓愈。將歸操：古琴曲名。相傳為孔子所作。韓愈有《琴操十首·將歸操》

〔4〕韋郎：指韋皋。唐德宗朝，韋皋任劍南西川節度使，在蜀二十餘年，封南康郡王。傳說韋皋年輕時同姜使君家侍女玉簫定情而別，七年後，玉簫未見韋皋來迎，絕食而死。韋皋借助方術得見玉簫幽靈，又十二年後，方得與轉生的玉簫團聚。

〔5〕綺語：佛教語。涉及閨門、愛欲等華豔辭藻及一切雜穢語。十善戒中列為四口業之一。預愁：謂在憂愁之中。無間獄：即無間地獄。

〔6〕自注：「見鄭某疏。」　綸言：《禮記·緇衣》：「王言如絲，其出如綸；王言如綸，其出如綍。」鄭玄注：「言言出彌大也。」後因以「綸言」為帝王詔令的代稱。

〔7〕瘖 yīn：同「喑」，啞，啞巴。

其二

辛苦搜腸更撚鬚〔1〕，適資談者指瑕瑜〔2〕。中郎碑好猶名愧〔3〕，吏部銘高未免諛〔4〕。餘忿燕泥能道否〔5〕，遺言鶴唳可聞乎。從今一字休思索，千古文人一律愚。

〔校注〕

〔1〕搜腸：形容竭力思索。撚鬚：謂推敲詩句而捋須吟哦。語出唐盧延讓《苦吟》：「吟安一個字，撚斷數莖鬚。」

〔2〕瑕瑜：瑕，玉之斑痕；瑜，玉之光彩。比喻人的短處和長處或事物的特點和優點。

〔3〕中郎碑：指蔡中郎碑。中郎，官名。秦置，漢沿用。擔任宮中護衛、侍從。屬郎中令。分五官、左、右三中郎署。各署長官稱中郎將，省稱中郎。漢蘇武、蔡邕曾任中郎將，後世均以中郎稱之。

〔4〕吏部銘：指韓愈碑銘。吏部：舊官制六部之一。主管官吏任免、考課、升降、調動等事。班列次序，在其他各部之上。參閱《通典‧職官五》。

〔5〕餘忿：謂積聚的忿怨。

溫陵諸賢接刊拙稿竹溪直院有詩助噪戲和一首〔1〕

行世安能保不刊〔2〕，自憐敝帚笑傍觀〔3〕。薰香未可疏班馬〔4〕，抓癢無過看杜韓〔5〕。雷挾六丁來取易〔6〕，天教兩鳥不鳴難〔7〕。吾聞海上鯨堪膾〔8〕，休把鸞刀切蟻肝。〔9〕

〔校注〕

〔1〕溫陵：福建泉州的別稱。《輿地紀勝》引舊圖經謂「其地少寒，故云。」

〔2〕不刊：古代文書書於竹簡，有誤，即削除，謂之刊。不刊謂不容更動和改變。

〔3〕敝帚：破舊的掃帚。喻無用之物。

〔4〕班馬：漢代文人班固和司馬相如之並稱。

〔5〕杜韓：盛唐詩人杜甫和中唐詩人韓愈的並稱。

〔6〕六丁：道教認為六丁（丁卯、丁巳、丁未、丁酉、丁亥、丁丑）為陰神，為天帝所役使；道士則可用符籙召請，以供驅使。

〔7〕不鳴，二字原缺，據馮本補。

〔8〕堪膾：能做魚做菜。

〔9〕自注：「宋玉《小言賦》。」　鸞刀：刀環有鈴的刀。古代祭祀時割牲用。切蟻肝，喻，小家數。

諸家牡丹已謝小圃忽開兩朵皆大如斗戲題二絕

其一

地荒豈有雕欄護〔1〕，日烈元無繡幕遮。九十種俱開謝了，末稍開到後村花〔2〕。

〔校注〕

〔1〕欄，原作蘭，據馮本改。　　雕欄：亦作「雕闌」。雕花彩飾的欄杆；華美的欄杆。

〔2〕花，馮本作「家」。自注：歐譜云：錢思公屏上錄九十餘種。

其二

踏青人被色香迷，擊壤翁看蓓蕾知〔1〕。漏籍譜中無可恨，花開殿後未為遲。

〔校注〕

〔1〕擊壤：《藝文類聚》卷十一引晉皇甫謐《帝王世紀》：「（帝堯之世）天下大和，百姓無事，有五十老人擊壤於道。」後因以「擊壤」為頌太平盛世的典故。

以宋香方紅送聽蛙翁答柬云兩年來啖荔顆則動氣按本草等書云荔枝能蠲渴補髓未聞其動氣也口占一首發翁一笑〔1〕

奩封名品餉耆年〔2〕，誼比□芹曝背然〔3〕。帖報能生採薪疾，譜言曾有荔枝仙。朵頤笑我脾神餒〔4〕，節腹知君氣□全〔5〕。來歲郎官香爛熟〔6〕，定分千顆沃饞涎。

〔校注〕

〔1〕荔，原缺，據盧本補。　　此詩作於開慶元年，時作者73歲。宋香：即宋家香。荔枝的一種優良品種。產於福建莆田縣。方紅：即方家紅。荔枝品種名。宋蔡襄《荔枝譜》：「方家紅，可徑二寸，色味俱美。言荔枝之大者皆莫敢擬，歲生一二百顆，人罕得之。」聽蛙翁：即方審權（1180～1264），字立之，《乾隆興化莆田縣志》卷二十二《人物志·文苑傳》有傳云：「方審權，字立之。……初從伯父鎬宦遊江湖，所至交其豪俊。及歸，慨然罷舉業。其先積書甚富（按：其曾祖方宙，後村有《王輔道所作河東方漕墓誌跋》，見《大全集》卷一〇三，可參看），環所居有田若干畝，曰：吾耕讀於此，足了一生。逍遙物外，有以

自樂。歲中不一再入城府。與⋯⋯劉克莊友善。性好吟詠，平生志業，率於詩發之。有《聽蛙集》。劉克莊《跋魯簡肅吳文肅宋次道帖》云：「此三帖皆與忠惠蔡公者，今在方君審權家。⋯⋯君自號聽蛙翁。」蠲渴：解渴。

〔2〕畬，原缺，據秦本補。　　封名：封爵賜姓。耆年：老年人。

〔3〕□，馮本補羹，當作「美」。　　芹曝：謙詞。謂所獻微不足道。

〔4〕朵頤：指突鼓的腮頰。

〔5〕全，原缺，據盧本補。

〔6〕自注：君家名品。此句和下句及注原缺，據盧本補。

戲詠文房四友〔1〕

其一

昔可摧堅陣，今難作選鋒〔2〕。自憐吾鬢禿，亦笑汝頭童。〔3〕

其二

方穿新硯眾，寸眼舊岩稀〔4〕。難倩宮娥捧，堪揩織女機。〔5〕

其三

吾墨千金價，曾登七寶床〔6〕。終身惟守黑，斷腕不書黃。〔7〕

其四

月似金蓮炬〔8〕，天如碧玉箋。剡藤邊幅窄〔9〕，寫不盡遺編。〔10〕

〔校注〕

〔1〕文房四友：借指文房四寶，即筆、墨、紙、硯。

〔2〕選，原作「送」，據馮本改。

〔3〕自注：筆。　　頭童：頭髮脫落。指年老。

〔4〕自注：蔡公有下岩寸眼研。　　寸眼舊岩：老舊的下岩寸眼石硯。

〔5〕自注：硯。

〔6〕七寶床：用非常多珍寶裝飾的床。

〔7〕自注：墨。

〔8〕炬，原作「矩」，據盧本改。　　金蓮炬：金飾蓮花形燈炬。

〔9〕剡藤：剡溪出產的藤可以造紙，負有盛名。後因稱名紙為剡藤。

〔10〕自注：紙。　　紙，原缺，據馮本補。

戲效屏山書齋十詠〔1〕

其一

尖新賴摹畫〔2〕，老禿計休閒。露頂張長史〔3〕，科頭管幼安。〔4〕

〔校注〕

〔1〕作於咸淳元年（1265），作者時79歲。除了硯臺，劉克莊還寫過書燈、羊豪筆、
墨、筆架、剪刀、喚鐵、紙拂、圖書、壓紙獅子、界方、研滴、燈檠、揩案木、
邛杖、道冠、漢鏡、石鼓等。劉子翬《屏山集》卷十七有《書齋十詠》詩，劉克
莊此組詩便是傚仿之作。原每首文尾注「筆架」「剪刀」等，現作於每詩標題。

〔2〕尖，原缺，據盧本補。

〔3〕張長史：張旭，唐朝書法家，開元、天寶時在世，曾任常熟縣尉，金吾長史。

〔4〕自注：筆架。　科頭：謂不戴冠帽，裸露頭髻。管幼安：管寧，字幼安。漢
末三國時期著名隱士。

其二

莫匪并州者〔1〕，輕堅耐淬磨。文通懷內錦〔2〕，裁割已無多。〔3〕

〔校注〕

〔1〕莫，原缺，據盧本補。并州：古州名。相傳禹治洪水，劃分域內為九州。據《周
禮》《漢書·地理志上》記載，并州為九州之一。其地約當今河北保定和山西
太原、大同一帶地區。

〔2〕文通：通達文學。

〔3〕自注：剪刀。

其三

雖無鸚鵡鳥〔1〕，亦欠琵琶姬。縱使敲方響〔2〕，獠奴佯不知。〔3〕

〔校注〕

〔1〕雖，原缺，據盧本補。

〔2〕方響：古磬類打擊樂器。由十六枚大小相同、厚薄不一的長方鐵片組成，分兩
排懸於架上。用小鐵槌擊奏，聲音清濁不等。創始於南朝梁，為隋唐燕樂中常
用樂器。

〔3〕自注：喚鐵。　獠奴：指作為家奴的僚人。

其四

炎鬱甚炊蒸〔1〕，夏蟲難語冰〔2〕。家無紅拂妓〔3〕，捉塵自驅蠅。〔4〕

〔校注〕

〔1〕炎鬱，二字原缺，據盧本補。

〔2〕夏蟲難語冰：喻人囿於見聞，知識短淺。語本《莊子·秋水》：「井蛙不可以語於海者，拘於虛也；夏蟲不可以語於冰者，篤於時也。」

〔3〕紅拂妓：相傳為隋唐時的女俠，姓張，名出塵，是隋末權相楊素的侍妓。時天下方亂，李靖以布衣謁素獻策騁辯。楊素姬妾中有一執紅拂者，貌美而矚目靖。其夜靖歸旅舍，出塵奔之，乃與俱適太原。前蜀杜光庭《虯髯客傳》、明張鳳翼《紅拂記》均載其事。後即以紅拂為婦女中能識英雄的典型人物。

〔4〕自注：紙拂。　　塵，原作塵，據馮本改。　　梅堯臣《次韻答黃介夫七十韻》：「讀書愛日永，秉扇自驅蠅。」

其五

欲繫伯仁肘〔1〕，難懸季子腰〔2〕。自刊聊自用〔3〕，渠刻任渠銷。〔4〕

〔校注〕

〔1〕欲，原缺，據盧本補。　　伯仁：晉周顗的字。元帝時為僕射，與王導交情很深。永昌元年，導堂兄江州刺史王敦起兵反，導赴闕待罪。顗在元帝前為導辯護，帝納其言而導不知。及敦入朝，問導如何處置顗，導不答，敦遂殺顗。後導知顗曾救己，不禁痛哭流涕說：「吾雖不殺伯仁，伯仁由我而死。幽冥之中，負此良友！」見《晉書·周顗傳》。後因以「伯仁」代稱亡友。

〔2〕季子：借指情誼生死不渝者。指春秋時吳季札。為吳王壽夢少子。不受君位，封於延陵，號延陵季子，省稱「季子」。歷聘各國，過徐，徐君愛其劍，季子為使上國，未與。及返，徐君已死，乃繫其寶劍於徐君冢樹而去。事見《史記·吳太伯世家》。

〔3〕刊，原作判，據馮本改。

〔4〕自注：圖書。　　銷：同「消」，消散，消失。

其六

輕薄如蟬翼〔1〕，擇兮風未休。煩勞汝威重〔2〕，鎮壓彼輕浮。〔3〕

〔校注〕

〔1〕輕，原缺，據盧本補。

〔2〕煩，原缺，據盧本補。

〔3〕自注：壓紙獅子。　　輕浮：猶輕飄。指物體比重小，份量輕。

其七

有時一畫起〔1〕，有時三絕編〔2〕。朱絲絃側畔〔3〕，玉界尺傍邊。〔4〕

〔校注〕

〔1〕畫起，原作「起畫」，據馮本改。

〔2〕三絕編：比喻讀書勤奮刻苦。

〔3〕朱絲絃：借指琴瑟。

〔4〕自注：界方。　　界尺，原作「尺界」，據馮本乙改。　　玉界尺：玉做的界尺，比喻心地正直、待人溫和的人。

其八

莫謂蟾蜍小〔1〕，淵源在許中。曹溪一滴水〔2〕，駕浪作南宗。〔3〕

〔校注〕

〔1〕莫謂，原缺，據馮本補，盧本作「跡似」。　　蟾蜍：亦作「蟾蠩」「蟾諸」。兩棲動物。俗稱癩蛤蟆。耳後腺和皮膚腺分泌白色黏液，可入藥。

〔2〕曹溪：禪宗南宗別號。以六祖慧能在曹溪寶林寺演法而得名。

〔3〕自注：硯滴。　　南宗：我國佛教禪宗的兩個派別。佛教禪宗自五祖弘忍之後，分為南北二宗：南宗為六祖慧能所創，主張「頓悟說」，行於南方；北宗為神秀所創，主張「漸悟說」，行於北方。故有「南能北秀」、「南頓北漸」之稱。後世南宗大行，分為「五家七宗」。參閱《壇經·頓漸品》。

其九

雪螢貧士眼〔1〕，珠翠貴人身。自從牆角棄，無復案頭親。〔2〕

〔校注〕

〔1〕貧士：亦作「貧仕」。窮士；窮儒生。

〔2〕自注：燈檠。　　原缺，據馮本補。　　案頭：几案上或書桌上。唐杜甫《題鄭十八著作丈故居》詩：「窮巷悄然車馬絕，案頭乾死讀書螢。」

其一〇

工師將考室〔1〕，何止大為厇〔2〕。揖案雖微用〔3〕，由來寸有長。〔4〕

〔校注〕

〔1〕工師：古官名。上受司空領導，下為百工之長。專掌營建工程和管教百工等事。
　　　考室：本謂宮寢落成之禮，後泛指相地築屋。

〔2〕厇（máng）：指房屋的大樑。

〔3〕揖案：揖案木。

〔4〕自注：揖案木。

恭上人求偈戲贈二首〔1〕

其一

爾祖西來無文字，受持一句心是佛〔2〕。煩恭藏主試問他〔3〕，楞伽四卷是何物〔4〕。

〔校注〕

〔1〕恭上人：不詳。釋紹曇（？～1297）有《鄱陽恭上人求語》詩，似應同一人。
　　　上人：《釋氏要覽·稱謂》引古師云：「內有德智，外有勝行，在人之上，名上人。」和尚的尊稱。

〔2〕受持：佛教語。謂領受在心，持久不忘。

〔3〕藏主：主持佛事的當家和尚。

〔4〕楞伽：指《楞伽經》。梵名。有四種漢文譯本，今存三種。此經提出五法、三性、八識等大乘教義，後人在詩文中常有徵引。

其二

□侯勸師柔軟說，劉叟所見適不同〔1〕。有時一句撞牆倒〔2〕，有時一喝驚耳聾〔3〕。

〔校注〕

〔1〕同，原作司，據馮本改。

〔2〕倒，原缺，據盧本補。

〔3〕一喝：一聲叱吒。佛教禪師於弟子參見時，常大喝一聲，斷其妄想，以示警醒。
　　　如百丈參問馬祖道一，馬祖振威一喝。後百丈謂其門下曰：「佛法不是小事，

老僧昔被馬大師一喝，值得三日耳聾眼黑。」見《景德傳燈錄·洪州百丈山懷海禪師》。參見「棒喝」。

又一首

吾蒙白裙帽〔1〕，汝著紫袈裟。縱有傅大士〔2〕，難和作一家。

〔校注〕

〔1〕吾，原缺，據馮本補。

〔2〕傅，原作傳，據盧本改。　　傅大士：名傅翕（497～569），字玄風，號善慧。《續高僧傳》稱傅弘，又稱善慧大士、魚行大士、雙林大士、東陽大士、烏傷居士。東陽郡烏傷縣（今浙江義烏）人。南朝梁代禪宗著名之尊宿，義烏雙林寺始祖，中國維摩禪祖師，與達摩、志公共稱梁代三大士。

泉牧帖請囊山福上人住持承天既至有沮之者興盡而返戲贈小詩〔1〕

揖退新龍象〔2〕，歸尋舊鶴猿。空令行百里，不遣罵三門〔3〕。易致實封者，難招不動尊〔4〕。辟支放光處〔5〕，尚有石龕存〔6〕。

〔校注〕

〔1〕囊山：在福建莆田縣東北三十里，形如懸囊，故名。承天：指泉州承天寺。

〔2〕龍象：指高僧。

〔3〕三門：指寺院大門。《佛地論》云：『大宮殿，三解脫門為所入處。大宮殿喻法空涅槃也，三解脫門謂空門、無相門、無作門。』今寺院是持戒修道、求至涅槃人居之，故由三門入也。」

〔4〕不動尊：佛教語。即不動明王。亦泛指佛菩薩。因其不為生死、煩惱所動，世間所尊，故稱。

〔5〕辟支：佛教語。辟支迦佛陀的略稱。三乘中的中乘聖者。因其觀十二因緣法而得道，故亦意譯為「緣覺」；因其身出無佛之世，潛修獨悟，又意譯為「獨覺」。

〔6〕石龕：供奉神像或神主的小石閣。

戲題山庵二首

其一

曾批龍鱗捋虎鬚〔1〕，君恩天大偶全軀。入華胥國渾成夢〔2〕，移太行山得許愚〔3〕。無劍拄頤但樵服〔4〕，有衾覆首勝珠襦〔5〕。他時只著深衣去〔6〕，不必防閑發冢儒〔7〕。

〔校注〕

〔1〕捋，原作將，據馮本改。

〔2〕渾成，二字原缺，據盧本補。華胥國：《列子·黃帝》：「（黃帝）晝寢，而夢遊於華胥氏之國。華胥氏之國在弇州之西，台州之北，不知斯齊國幾千萬里。蓋非舟車足力之所及，神遊而已。其國無帥長，自然而已；其民無嗜欲，自然而已……黃帝既寤，怡然自得。」後用以指理想的安樂和平之境，或作夢境的代稱。

〔3〕移太行山：指愚公移山。

〔4〕拄頤：頂到面頰。樵服：著樵者之服。

〔5〕勝，二字原缺，據盧本補。　　珠襦：短衣。

〔6〕深衣：古代上衣、下裳相連綴的一種服裝。為古代諸侯、大夫、士家居常穿的衣服，也是庶人的常禮服。

〔7〕冢，原作家，據盧本改。防閑：防，堤也，用於制水；閑，圈欄也，用於制獸。引申為防備和禁阻。發冢儒：即「詩禮發冢」。《莊子·外物》：「儒以詩禮發冢。大儒臚傳曰：『東方作矣，事之何若？』小儒曰：『未解裙襦，口中有珠。』『《詩》固有之曰：「青青之麥，生於陵陂。生不布施，死何含珠為？」接其鬢，壓其顪（hui，鬍鬚），儒以金椎控其頤，徐別其頰，無傷口中珠！』」形容那種飽學詩書、滿口仁義道德之人無惡不作的卑劣行徑。

其二

封高四尺寧從險，穴錮三泉豈不愚〔1〕。客過唐陵悲石馬〔2〕，盜穿秦冢得金鳧〔3〕。蛩吟不必人歌挽，雞絮那無客弔孤〔4〕。自作銘詩差實錄〔5〕，免教人謗退之諛。

〔校注〕

〔1〕三泉：三重泉，即地下深處。多指人死後的葬處。

〔2〕唐陵：關中十八唐帝陵，也稱「關中十八陵」、「關中唐帝十八陵」，是指埋葬在陝西關中地區唐京師長安（今西安）周邊的唐朝十八位皇帝（計女皇武則天在內則共十九位皇帝）的陵墓。石馬：石雕的馬。古時多列於帝王及貴官墓前。

〔3〕金鳧：金鑄的鳧。帝王陪葬物。

〔4〕客，原缺，據馮本補。　　雞絮：雞和用酒浸的綿絮。相傳漢徐稚以此祭奠黃瓊。見《後漢書‧徐稚傳》。

〔5〕實，原作寶，據馮本改。

朔齋竹溪盛稱鑒臺李君談天小詩戲贈〔1〕

品題經二紫薇公〔2〕，攜袖中詩訪老農。遠祖似曾為藏史，前身莫便是淳風〔3〕。自憐槁木灰生意，絕怕菱花照醜容〔4〕。但願海鄉魚稻熟，耄夫不復問窮通〔5〕。

〔校注〕

〔1〕朔齋：劉震孫（1197～？）字長卿，號朔齋，蜀人。劉摯六世孫。嘗為宛陵令。嘉熙元年（1237），守湖州。二年，除兵部郎官。寶祐三年（1255）提舉廣東常平。景定二年（1261）提舉江東常平。仕至宗正少卿兼中書舍人。與吳毅夫潛丞相、李昂英等人有唱和。鑒臺：鏡臺，梳粧檯。

〔2〕紫薇：唐開元元年改中書省為紫薇省，中書舍人為紫薇舍人。

〔3〕淳風：李淳風（602～670），岐州雍（今陝西鳳翔）人。唐代天文學家。貞觀初，授將仕郎，直太史局，創制渾天黃道儀，加授承務郎。歷官太常博士、太史丞、太史令等職。能預測天象。

〔4〕菱花：指菱花鏡。亦泛指鏡。

〔5〕耄夫：年老昏庸之人。窮通：困厄與顯達。

目眚〔1〕

日啖荔枝三百顆，不知天罰一隻眼。異哉野老白露團，烈於貴人寒食散〔2〕。

〔校注〕

〔1〕目眚（shěng）：眼病之一。目生翳。

〔2〕寒食散：古代藥名。服後宜吃冷食，故名。配劑中主要有紫石英、白石英、赤石脂、鐘乳石、硫磺等五種礦石，因又稱五石散。相傳其方始於漢代，魏晉南北朝名士服用此散，成為一時的風氣。往往有服後殘廢致死的。

自和效顰一首

未愛京師傳子真〔1〕，園池冷落戶庭貧。神仙疑是丹丘子〔2〕，年紀高於絳縣人〔3〕。春去似催花送老，歲荒聊喜麥嘗新。晚知嵇阮非酣暢〔4〕，名與杯中物孰親。

〔校注〕

〔1〕真，原作貞，據馮本改。　　子真：漢褒中人鄭樸的字。居谷口，世號谷口子真。修道守默，漢成帝時大將軍王鳳禮聘之，不應；耕於岩石之下，名動京師。見《漢書・王貢兩龔鮑傳序》。

〔2〕丹丘子：即元丹丘，李白之友，曾隱居嵩山學仙。

〔3〕絳縣人：絳縣人或年長矣，無子，而往與於食。有與疑年，使之年。曰：「臣小人也，不知紀年。臣生之歲，正月甲子朔，四百有四十五，甲子矣，其季於今，三之一也。」吏走問諸朝，師曠曰：「魯叔仲惠伯會郤成子於承匡之歲也。是歲也，狄伐魯，叔孫莊叔於是乎敗狄於鹹，獲長狄僑如，及虺也豹也，而皆以名其子，七十三年矣。」史趙曰：「亥有二首六身，下二如身，是其日數也。」士文伯曰：「然則二萬二千六百有六旬也。」見《春秋左傳正義》卷四十《襄公・傳三十年》。

〔4〕嵇阮：三國魏嵇康與阮籍的並稱。兩人詩文齊名，皆以嗜酒、孤高不阿著稱。

陳　起

陳起，字宗之，號芸居，亦自號陳道人。錢塘（今浙江杭州）人。寧宗時鄉貢第一。與江湖派諸詩人友善，理宗寶慶初編刻該派諸人詩為《江湖詩集》《續集》《後集》，江湖派之名由是而產生。著作有《芸居乙稿》。今錄戲謔詩4首。

燈花戲簡西鄰

西鄰逸韻偕秋清，瑤琴曾許月下聽〔1〕。神馳吟境日復日，金飆轉矣寒此盟〔2〕。昨夕相逢再有約，六花飛時湖上行〔3〕。短檠不密泄此意〔4〕，輝煌粟粟攢金英〔5〕。哄堂一笑前未睹，信手閒閱燈花經。一主飲席設林麓，一主盍簪獲良朋〔6〕。便欲箋天檄滕六〔7〕，銀盃逐馬快此情。曉來喜見萬瓦白，乃是天宇清霜明。得非分薄誤燈花〔8〕，還復燈花戲老兄。

〔校注〕

〔1〕瑤琴：用玉裝飾的琴。

〔2〕金飆：秋季急風。

〔3〕六花：雪花。雪花結晶六瓣，故名。

〔4〕短檠：矮燈架。借指小燈。

〔5〕金英：指菊花。

〔6〕盍簪（hé zān）：亦作「盍戠」。《易·豫》：「勿疑，朋盍簪。」王弼注：「盍，合也；簪，疾也。」陸德明釋文：「簪，虞作戠。戠，叢合也。」孔穎達疏：

「群朋合聚而疾來也。」後以指士人聚會。杜甫《杜位宅守歲》:「盍簪喧櫪馬，列炬散林鴉。」

〔7〕箋天：行文以祭告上天。滕六：用以指雪。

〔8〕分，自注：去聲。

紙帳送梅屋小詩戲之〔1〕

十幅溪藤皺縠紋〔2〕，梅花夢裏悶氤氳〔3〕。裴航莫作瑤臺想〔4〕，約取希夷共白雲〔5〕。

〔校注〕

〔1〕紙帳：以藤皮繭紙縫製的帳子。據明高濂《遵生八箋》卷八載，其製法為：「用藤皮繭紙纏於木上，以索纏緊，勒作皺紋，不用糊，以線折縫縫之。頂不用紙，以稀布為頂，取其透氣。」梅屋：許棐，字忱父，號梅屋。生卒年不詳，宋理宗前後在世。海鹽（今屬浙江）人。有《梅屋集》《樵談》等。

〔2〕溪藤：指剡溪紙。浙江剡溪所產的藤製紙最為有名。縠紋：縐紗似的皺紋。

〔3〕梅花：指梅花紙帳。一種由多樣對象組合、裝飾而成的臥具。宋林洪《山家清事・梅花紙帳》:「法用獨床。旁置四黑漆柱，各掛以半錫瓶，插梅數枝，後設黑漆板約二尺，自地及頂，欲靠以清坐。左右設橫木一，可掛衣，角安斑竹書貯一，藏書三四，掛白麈一。上作大方目頂，用細白楮衾作帳罩之。前安小踏床，於左植綠漆小荷葉一，寘香鼎，然紫藤香。中只用布單、楮衾、菊枕、蒲褥。」亦省稱「梅花帳」「梅帳」。

〔4〕裴航：是唐代裴鉶所作小說《傳奇・裴航》的男主人公。傳說裴航為唐長慶間（821～824 年）秀才，一次路過藍橋驛，遇見一織麻老嫗，航渴甚求飲，嫗呼女子雲英捧一甌水漿飲之，甘如玉液。航見雲英姿容絕世，十分喜歡，很想娶她為妻，嫗告：「昨有神仙與藥一刀圭，須玉杵臼搗之。欲娶雲英，須以玉杵臼為聘，為搗藥百日乃可。」後裴航終於找到月宮中玉兔用的玉杵臼，娶了雲英。婚後夫妻雙雙入玉峰，成仙而去。

〔5〕希夷：指希夷先生陳摶，字圖南，自號扶搖子（871～989），宋太宗賜號希夷先生，唐末、五代隱士。

胡季懷有詩約群從為秋泉之集輒以山果助筵戲作二迭〔1〕

其一

近詩通譜江西社〔2〕，新釀攙先天下秋。已許眼中窺一豹〔3〕，可容杯裏散千憂。

〔校注〕

〔1〕周必大集中有此二詩。胡季懷：名不詳。季懷是其字，廬陵人。胡銓從子。科場不得志。一生著述自娛。乾道六年（1170）卒，年四十八。似不是此胡季懷。

〔2〕江西社：指風靡兩宋的「江西詩派」，對兩宋以後歷朝詩壇的影響大。

〔3〕窺一豹：從小孔裏看豹，只看到豹身上的一塊斑紋。比喻看到的只是一部分或比喻可以從觀察的部分推測到全貌。

其二

君家香醪蜜不如，試投桃李望瑤琚〔1〕。敢誇所無易所有，潘郎一出果盈車〔2〕。

〔校注〕

〔1〕瑤琚：美玉。比喻奇才。

〔2〕潘郎：晉潘岳，字安仁，貌至美，少時出遊，婦女都丟果子給他，於是滿載而歸。見《晉書·潘岳傳》。

卷三十

許　棐

　　許棐，字忱夫（父），號梅屋。理宗朝前後在世。海鹽（今屬浙江）人。因常與江湖派詩人來往，詩風亦相近。著作有《梅屋詩稿》《梅屋詩餘》《樵談》等。今錄戲謔詩 2 首。

戲題花片〔1〕

　　一片落花題一字，湊成一首怨春詩。縱橫貼在窗紗上，巧似迴文織錦時〔2〕。

〔校注〕

〔1〕花片：飄落的花瓣。

〔2〕迴文織錦：《晉書‧列女傳‧竇滔妻蘇氏》：「竇滔妻蘇氏，始平人也，名蕙，字若蘭。善屬文。滔，苻堅時為秦州刺史，被徙流沙，蘇氏思之，織錦為迴文旋圖詩以贈滔。宛轉循環以讀之，詞甚淒惋，凡八百四十字。」後以「迴文織錦」比喻有關相思的絕妙詩文。

陳裕齋墨戲

　　臨帖鈔書外，尤深破墨工〔1〕。萬峰千嶂趣，片紙尺綃中。雲暗孤村月，潮生滿樹風。自嫌吾已老，摩硯一無功。

〔校注〕

〔1〕破墨：中國山水畫中一種渲染水墨的技法。即以水破濃墨而成淡墨，濃淡相間，以顯示物象的界限輪廓，以求墨彩的生動。

徐鹿卿

徐鹿卿（1170～1249），字德夫，號泉谷。隆興豐城（今屬江西）人。寧宗嘉定十六年（1223）進士。初調南安軍教授，後闢福建安撫司幹辦公事，累遷大府少卿兼右司、禮部侍郎。著有《漢唐文類》《文苑菁華》。今錄戲謔詩2首。

依韻戲呈諸丈

雲萍邂逅總青春[1]，意氣飄飄足絕塵。酒有盈罇聊共醉，食無重味恐難遵[2]。浮生百歲風和月，官路連年我送人[3]。自此彈冠知有喜[4]，莫言非故亦非親。

〔校注〕

〔1〕雲萍：天上的浮雲和水中的浮萍。比喻聚散無常，飄泊無定。

〔2〕自注：是日有不許用豬羊肉之令。

〔3〕官路：猶仕途。

〔4〕彈冠：用「貢公與王吉」典。比喻相友善者援引出仕。

再呈曾僉

去去榮觀上國春，幾人竚立望車塵。如星於北常懷拱，自海而南不必遵[1]。簷雨挑燈三益友[2]，錦帆載酒一詩人。勳名自致男兒事，莫倚金張肺腑親[3]。

〔校注〕

〔1〕自注：初欲去南海遊。

〔2〕三益友：《論語‧季氏篇》：孔子曰：「益者三友，損者三友。友直，友諒，友多聞，益矣。友便辟，友善柔，友便佞，損矣。」

〔3〕金張：指漢金日磾、張湯兩個家族。金日磾家七代任內侍，張湯後代任侍中、中常侍者十餘人，貴寵比於外戚之家。晉左思《詠史八首》之二：「金張籍舊業，七葉珥漢貂。」後因以「金張」代指功臣世家。元稹《青元驛》：「金張好車馬，於陵親灌畦。」

戴昺

戴昺（生卒年不詳），字景明，號東野，台州黃岩（今浙江省）人。戴復古石屏從孫。寧宗嘉定十二年（1219）進士。授贛州法曹參軍。有《東野農歌集》。今錄戲謔詩 6 首。

唐李涉有《山中五無可奈何》詩，戲用其體作秋日四章 〔1〕

其一

無奈秋風何，怒號震林木。著我井上桐，一夜失寒綠。莫作搖落悲，妙理在觀復。

〔校注〕

〔1〕李涉《山中五無可奈何》詩：《無奈秋風何》《無奈秋月何》《無奈秋山何》《無奈秋水何》，五古八句四章。

其二

無奈秋月何，煉魄金氣精〔1〕。炯炯一輪滿，天地冰壺清〔2〕。照我方寸景，表裏同光明。

〔校注〕

〔1〕煉魄：指道家修煉。《至遊子·陰符》：「陽者汞也，其性飛者也；陰者鉛也，其性伏者也。聖人伏陽汞以煉其魄，飛陰鉛以拘其魂。」李白《贈嵩山焦煉師》詩：「潛光隱嵩嶽，煉魄棲雲崿。」金氣：秋氣。

〔2〕冰壺：借指月亮或月光。

其三

無奈秋山何，萬迭淺深碧。起來樓上看，朝爽浮几席〔1〕。棱棱政自高〔2〕，更養靜壽德。

〔校注〕

〔1〕朝爽：早晨明朗開豁的景象。南朝宋劉義慶《世說新語·簡傲》：「王子猷……以手版拄頰云：『西山朝來致有爽氣。』」唐儲光羲《遊茅山》詩之五：「南極見朝爽，西潭聞夜漁。」几席：几和席，為古人憑依、坐臥的器具。

〔2〕棱棱：形容高聳突起。

其四

無奈秋水何，悠悠蕩輕槳。上下天一碧，顛倒涵萬象。願從雙白鷗，生涯寄浩蕩〔1〕。

〔校注〕

〔1〕生涯：《莊子·養生主》：「吾生也有涯，而知也無涯。」原謂生命有邊際、限度。後指生命、人生。

山家小憩即景，效藥名體〔1〕

柴門通草徑，茅屋桂枝間。修竹連翹木，高松續斷山〔2〕。仰空青蔭密〔3〕，掃石綠花斑〔4〕。傍澗牽牛飲，白頭翁自閒。

〔校注〕

〔1〕藥名體：以藥名作詩。全詩含八味中藥名。

〔2〕續斷：植物名。二年生或多年生草本。中醫學上以根入藥，性微溫味苦。功用補肝腎、強筋骨、補血脈、利關節。

〔3〕空青：大者如雞子，小者如相思子，其青厚如荔枝殼。內有漿，酸甜。能點多年青盲、內障、翳膜，養精氣。其殼又可摩翳也。

〔4〕石綠：即「綠青」「大綠」「扁青」。石名。生山谷之陰，因其顏色青白，以畫綠色，故稱。可製器，入藥。

觀敗棋者戲作

　　看人出著笑人低，及至當枰卻自迷〔1〕。角上僅全輸了腹〔2〕，東邊纔活喪於西。欲裝劫去多難補，待算征來恰又提。天下未應無妙手，勸君莫愛墨猗猊〔3〕。

〔校注〕

〔1〕枰：棋盤。

〔2〕上，萬曆本作「子」。

〔3〕墨猗猊：鏤刻成獅子狀的黑色香爐。唐馮贄《雲仙雜記》載：徐峰善棋，段成式欲盡窮其術。峰曰：「子若以墨猗猊與我，當使子過我十倍。」在此諷刺下棋人棋藝太差。

張　侃

張侃，字直夫，揚州（今屬江蘇）人，卜宅吳興（今浙江湖州）。歷上虞丞、知句容。父張岩，以阿附韓侂胄，開禧間除參知政事。有《張氏拙軒集》六卷。今錄戲謔詩 15 首。

家園有梅一株依附籬落，潘聖功喜其有古意，戲占云：「早是江南春訊動，枝頭已著兩三花。」癸酉歲梅不生花，己卯秋尾聖功云亡，愴然有感見於篇什〔1〕

雪意垂垂雲滿天，梅花一枝放清妍。與君蹋雪看不足，歸來吹鐙傳詩篇。此詩只許梅壓倒，句中染香疑登仙。梅兮再四乞避舍，杳渺初不到靈堅〔2〕。我恐麼鳳暗作祟〔3〕，嶺梅碧落侍班聯〔4〕。空留佳語塗耳目，歲月冉冉知幾遷。況君姓氏占仙籍，隨分了卻塵世緣〔5〕。想今共梅成莫逆〔6〕，投壺一笑三千年。江南春訊誰領略，杖頭那用掛酒錢〔7〕。

〔校注〕

〔1〕潘聖功：潘蒙正（1169～1219），字聖功，龍臺（長樂縣西）人。嘉定十二年卒，年五十一。有詩集。張侃《拙軒集》卷五有《潘聖功詩集序》。占云：望雲氣以測吉凶。

〔2〕杳渺：浩渺貌。靈堅：借指鼻子。宋曾幾《香寂圃》詩：「遊人等蜂蟻，晴日競喧哄，靈堅不自持，玉隴紛一哄，誰知根塵間，境界極空洞。」

〔3〕麼鳳：劍南彭蜀間有鳥大如指，五色畢具。有冠似鳳，食桐花，每桐結花即來，桐花落即去，不知何之。俗謂之「桐花鳥」，極馴善，止於婦人釵上，客終席不飛。人愛之，無所害也。見《朝野僉載·補輯》。

〔4〕嶺梅：指大庾嶺上的梅花。大庾嶺上梅花，古來有名。因嶺南北氣候差異，梅
　　花南枝已落，北枝方開。

〔5〕隨分：依據本性；按照本分。

〔6〕莫逆：語出《莊子·大宗師》：「（子祀、子輿、子犁、子來）四人相視而笑，
　　莫逆於心，遂相與為友。」後遂以謂彼此志同道合，交誼深厚。

〔7〕杖頭：「杖頭錢」的省稱。指買酒錢。

對梅效楊誠齋體〔1〕

　　前年看梅清溪邊，萬花依枝占芳妍。去年看梅金臺下〔2〕，一枝傍竹
秀而野。今年梅花勝舊年，急呼麴生來座前〔3〕。折花飲酒到夜半，羌
管休吹且頻看。旁人笑我心太癡，花開花落由天時。如何苦作十日計，
慳風妬雨誰得知。我雖不言見已慣，倚著茅簷聽過鴈。明年梅開在清溪，
不妨訪梅西山西〔4〕。

〔校注〕

〔1〕楊誠齋體：誠齋體指楊萬里取材自然、新鮮活潑、涉筆成趣的新詩體。楊萬里
　　（1124～1206），字廷秀，自號誠齋，吉州吉水（今屬江西）人。李道傳《楊
　　萬里諡議》稱其文「辯博雄放」「以氣勝」。

〔2〕金臺：「黃金臺」的省稱。

〔3〕麴生：酒的別稱，相傳唐代道上葉汁善，居玄真觀。一日，有朝客十令人來訪，
　　解帶淹留，滿座思酒。忽有一少年傲睨直人，自稱麴秀才，抗聲議論，滿座皆
　　驚；良久暫起，轉旋如風，法善意其為妖，待麴生復至，密以小劍擊之，生應
　　聲墜於階下，化為瓶植，美酒盈瓶。坐客大笑，飲之，其味殊佳，後人遂以「麴
　　秀才」或「麴生」稱酒。

〔4〕西山西：指建陽雲谷。乾道六年庚寅正月，朱熹葬母於建陽縣崇泰里寒泉塢，
　　隨後即築寒泉精舍於此，奠為守墓及接待賓朋之友。不久又發現雲谷為一理想
　　環境，風景絕佳，遂動手在其巔建構晦庵草堂，其在晦庵落成寫的《雲谷記》
　　中說：「予常自念自今已往十年之內，嫁娶亦當初畢，即斷家事，滅景此山」
　　《卜居》一詩有「卜居屏山下，俯仰三十秋」「近聞西山西，深谷開平疇」之
　　句。

雪飛不已戲作長歌

清溪怒號多北風〔1〕，乞水來自河伯宮〔2〕。多應飛雨作寒色，呼吸雲氣鞭癡龍。冬深萬木凍欲折，那有卉藥成纖洪〔3〕。造化小兒一餉戲，鏤瓊鏤玉何其工〔4〕。庭前婆娑萬花舞，春意已徧翡翠叢。可憐世情多冷眼，怨詬竟欲訟天工。了知妙處不用力，豈為汝輩眼目供。明朝晴烏耀燭龍〔5〕，向之幻景須臾空。

〔校注〕

〔1〕清溪：指福建建陽境內的溪流。

〔2〕河伯宮：語出《楚辭‧九歌‧河伯》。

〔3〕卉藥：即草藥。陳景沂的《全芳備祖》（約1256年）按實際用途與生長特性將觀賞植物分為花部、果部、卉部、草部、木部等。纖洪：鉅細，大小。

〔4〕鏤：刻鏤；侵削。宋王禹偁《有巢氏碑》：「霜斧雪斤，千雕萬鏤。」宋陸游《醉中步月湖上》：「霜風鏤病骨，林月寫孤影。」

〔5〕晴烏：鳳，是新石器時代以來，由火、太陽和各種鳥複合為氏族部落的圖騰，「火之精，生丹穴」，屬神鳥，鳥中之王。初始種類繁多，多赤者鳳，多青者鸞，有名天翟、重晴烏，有曰玄鳥、皇鳥等。燭龍：燭龍是古代神話中的神獸，人面龍身，在西北無日之處銜燭照明於幽陰，後用「燭龍、龍燭、龍銜燭」等形容照亮幽陰的火光、太陽，或謂光明。《山海經‧大荒北經》：「西北海之外，赤水之北，有章尾山，有神人面蛇身而赤，身長千里，直目正乘，其瞑乃晦，其視乃明，不食，不寢，不息，風雨是謁，是謂燭九陰，是燭龍。」《山溝經‧海外北經》記有「鍾山之神，名曰燭陰」。郭璞注云：「燭龍也。是燭九陰，因名云。」

嘲絡緯〔1〕

時序方中伏〔2〕，簷前絡緯鳴。涼風雖暫至，秋氣未全清。荷葉綠偏斷，芙蓉錦漸成。勸渠莫多事，促織又司衡〔3〕。

〔校注〕

〔1〕絡緯：蟲名，即莎雞，俗名紡織娘。如唐李賀《秋來》詩：「桐風驚心壯士苦，衰燈絡緯啼寒素。」

〔2〕中伏：即夏至日後第三個庚日及以後，溫度最高的時段。

〔3〕司衡：主管、主宰。南朝宋謝莊《宋明堂歌·歌赤帝》：「龍精初見大火中，朱光北至圭景同。帝在在離寔司衡，水雨方降木槿榮。」

戲用東坡先生韻二首〔1〕

其一

冠世文章李翰林〔2〕，掀天功業漢淮陰〔3〕。抹靴捧硯榮雖甚，受鉞登壇眷益深〔4〕。遠竄夜郎揮老淚〔5〕，生擒雲夢負初心〔6〕。窮泉二子應追恨〔7〕，不解君前早脫簪〔8〕。

〔校注〕

〔1〕東坡先生：蘇軾，字子瞻。

〔2〕李翰林：李白（701～762），字太白，號青蓮居士。

〔3〕漢淮陰：指漢韓信，曾封為淮陰侯。

〔4〕鉞：古代一種似斧而大的兵器。原謂周武王伐紂，右手持白旗，左手握黃鉞以指揮三軍。後泛指出師征伐。

〔5〕遠竄夜郎：用李白典。至德二載（757）冬，由於李白曾參加永王幕府，被肅宗朝廷判處「長流夜郎」。時李白已離開宋若思幕，在宿松（今屬安徽省）養病。乾元元年（758）初，宗夫人與其弟宗璟相送李白到尋陽烏江（今江西九江）分別，李白登舟沿長江西去流放地。

〔6〕生擒雲夢：用韓信典，指高祖雲夢狩獵生擒韓信一事。雲夢：古湖澤名。在荊江一帶，原是一個江湖難分的水域，名「雲夢澤」，即洞庭湖和江漢湖群的前身，面積曾達4萬平方公里，比洞庭湖大得多。

〔7〕窮泉：泉下，指地層的深處；亦婉指墓穴。晉潘岳《哀永逝文》：「委蘭芳兮繁華，襲窮泉兮朽壤。」

〔8〕脫簪：取下簪珥等首飾，表示自責請罪。古代后妃犯下重大過錯請罪時的禮節。一般是摘去簪珥珠飾，散開頭髮，脫去華貴衣物換著素服，下跪求恕。最嚴重的還要赤足，因為古代女子重視自己的雙足不能隨意裸露，所以是一種侮辱性懲罰。相當於「負荊請罪」。

其二

倦看冠蓋鬧如林〔1〕，夢想扁舟破晚陰。步月南樓情不淺，臥風北牖味殊深〔2〕。朱旗黃紙非吾事，木板青衫負壯心。遊宦半生成底事，鬢絲零落不勝簪。〔3〕

〔校注〕

〔1〕冠蓋：古代官員的禮帽和車蓋。

〔2〕北牖：指在北牆上開窗戶，也指朝北的窗。

〔3〕此詩是感歎自身之際遇。

豚犬夜誦東坡贈王子直詩堅索次韻余率然成章可笑深不自量也〔1〕

年來典盡鷫鸘裘〔2〕，遠宦深慚馬少游〔3〕。痛哭恨無裨國論，偷安終不為身謀。誰憐饑虎空搖尾，卻羨寒龜暗縮頭。但得渭川千畝竹〔4〕，也勝霜鬢取封侯。

〔校注〕

〔1〕豚犬：對人稱自己兒子的謙詞或對別人兒子的譏嘲。《三國志·吳志·孫權傳》：裴松之注引《吳曆》曰：「公（曹操）見舟船器杖軍伍整肅，喟然歎曰：『生子當如孫仲謀，劉景升（表）兒子若豚犬耳！』」王子直：王原，字子直，號鶴田山人。蘇軾貶惠州時的新交。

〔2〕鷫鸘裘：即「鷫鸘換酒」。舊題漢劉歆《西京雜記》卷二：「司馬相如初與卓文君還成都，居貧愁懣，以所著鷫鸘裘就市人陽昌貰酒，與文君為歡。」舊題晉葛洪《西京雜記》卷二：「司馬相如初與卓文君還成都，居貧愁懣，以所著鷫鸘裘就市人楊昌貰酒，與文君為歡。」司馬相如與卓文君成婚後，生活窮困，傳說曾以鷫鸘裘為抵押，賒酒而飲。後因用作詠貧士飲酒的典故。唐李白《怨歌行》：「鷫鸘換美酒，舞衣罷雕龍。」此藉以表現宮女嫁與貧士，生活窮困。宋陸游《劍南詩稿》卷七《與青城道人飲酒作》：「有酒不換西涼州，無酒不典鷫鸘裘。」

〔3〕馬少游：東漢時，馬援從弟少游以追求功名利祿為苦事，曾勸馬援，當滿足於溫飽。《後漢書》卷二十四《馬援傳》：「援……從容謂官屬曰：『吾從弟少游常哀吾慷慨多大志，曰：「士生一世，但取衣食裁足，乘下澤車，御款段馬，為郡掾史，守墳墓，鄉里稱善人，斯可矣。致求盈餘，但自苦耳。」當

　　吾在浪泊、西里間，虜未滅之時，下潦上霧……臥念少游平生時語，何可
　　得也！」

〔4〕渭川：即渭水。李白《留別於十一兄逖裴十三遊塞垣》：「太公渭川水，李斯上
　　蔡門」。《送趙雲卿》：「如逢渭川獵，猶可帝王師」。

象山住持僧于修求詩戲題五十六字〔1〕

　　的知前聖定曾來，山脈深長景漸開。霜乾都無新氣象，風幡不染舊
塵埃〔2〕。漁樵雖過何嘗問，父老相傳莫浪猜。慚愧修公堅有請〔3〕，依
前題作小天台〔4〕。

〔校注〕

〔1〕象山：在靖江府（今桂林），有水月洞，張孝祥寫有《復水月洞銘》。

〔2〕風幡：《壇經》云：惠能「到廣州法性寺，值印宗法師講《涅槃經》。時有風吹
　　幡動。一僧云幡動，一僧云風動。惠能云：『非幡動、風動，人心自動。』印
　　宗聞之竦然。」

〔3〕修公：指于修上人，象山寺住持。

〔4〕小天台：寺廟名，在九華山。

嘲梅花

　　緘藥怯寒風，清香已暗通。數株籬落外，生毓任元功〔1〕。

〔校注〕

〔1〕元功：指開國功臣，佐興帝業者。《漢書·景武昭宣元成功臣表》：「漢興……
　　頗有勞臣，輯而序之，續元功次云。」注：「師古曰：元功，謂佐興其帝業者
　　也。」《後漢書·二十八將傳論》：「故高秩厚禮，允答元功。」

梅花謝嘲

　　騷客多吟詠，無非泥酒杯。君知儂澹泊，歲歲幾番來。

梅花自解

　　孤根在寒谷，無分逐東風。流輩剛言好〔1〕，中心只固窮〔2〕。

〔校注〕

〔1〕流輩：同輩，同一群人。崔峒《送賀蘭廣赴選》：「而今用武爾攻文，流輩于時獨臥雲。」劉禹錫《和僕射牛相公見示長句》：「流輩盡來多歎息，官班高后少過從。」

〔2〕固窮：語出《論語·衛靈公》：「君子固窮，小人窮斯濫矣。」意為君子雖然窮，但是仍能堅守志節，若是小人，就無所不為了。後以「固窮」形容甘於貧困，不失氣節：竟抱固窮節，飢寒飽所更。

戲題

雨後露華白，風前嵐氣清〔1〕。秋心愁不展，垂白睡難成〔2〕。

〔校注〕

〔1〕雨後、風前，《永樂大典》卷八九六作「雨路、生風」。　　嵐氣：山中霧氣。晉夏侯湛《山路吟》：「冒晨朝兮入大谷，道逶迤兮嵐氣清。」唐岑參《寄青城龍溪奐道人》詩：「絕頂小蘭若，四時嵐氣凝。」

〔2〕白，《永樂大典》作「月」。　　垂白：稱老年人。鮑照《擬古》詩：「結髮起躍馬，垂白對講書。」

秋後積雨起水曾舜卿朱秀文有詩用韻作俳諧體田家苦三迭〔1〕

其一

秋雨霖淫數日間，耳邊未聽雨聲閒。傳聞農子愁無寐，心願烏雲且入山。

〔校注〕

〔1〕曾舜卿、朱秀文：均不詳。蔣方增《浮筠山館詞鈔自序》：「詞之為道，自唐衍於五代，至宋而大盛，逞妍抽秘，無美弗臻。世人好言北宋，要非通論。分鑣並騁，南宋始極其工，宋季始極其變，金元間如蔡伯堅、吳彥高、元裕之、蕭竹屋、曾舜卿、虞伯生輩，駸駸乎入宋人之室。」其中出現了「曾舜卿」，宋孫應時有《和曾舜卿少府》詩。俳諧體：舊時詩文中內容詼諧的遊戲之作稱俳諧體。宋陸游《老學庵筆記》卷五：「紹興中，有貴人好為俳諧體詩及箋啟。」又如唐杜甫有《戲作俳諧體遣悶二首》，宋范成大有《上元紀吳中節物俳諧體三十二韻》等。

其二

戽水乾忙衣袂涼〔1〕，旋炊濕稻當家常。連年成熟今年水，誰信微陰能奪陽。

〔校注〕

〔1〕戽水：汲水灌田。宋范成大《夏日田園雜興》詩之六：「下田戽水出江流，高壟翻江逆上溝。」

其三

積雨因風驟作寒，又吹濁水浸牛欄。須知此去盤中飯，一似鯰魚上竹難〔1〕。

〔校注〕

〔1〕鯰魚上竹：原意為步步登高，後多用以喻攀登之難。宋羅願《爾雅翼》：「鮧魚身滑無鱗，謂之鯰魚，言黏滑也；一名鯷魚。善登竹，以口銜葉而躍於竹上，大抵能登高，其有水堰處輒自下騰上，愈高遠而未止。諺曰：『鯰魚上竹』謂是故也。」宋歐陽修《歸田錄》：「梅聖俞以詩知名，三十年終不得一館職。晚年與修《唐書》，書成未奏而卒，士大夫莫不歎惜。其初受敕修《唐書》，語其妻刁氏曰：『吾之修書，可謂猢猻入布袋矣。』刁氏對曰：『君子仕宦，亦何異鯰魚上竹竿耶！』聞者皆以為善對。」

董 史

　　董史（1238～1265），字良史（《全宋詩》作「字更良」）。號閒中（晚年稱閒中老叟）。豫章（今江西南昌）人。家於東湖。好古博雅，藏書萬卷，古玩名帖，羅列幾格。與牟益、曹士冕（陶齋）友善。著有《皇宋書錄》。今錄戲謔詩 1 首。

集句一首題牟益搗衣圖卷〔1〕

　　蟲聲日夜戒衣裘（山谷）〔2〕，鐵馬追風塞草秋（東坡）〔3〕。默默此時誰會得（荊公）〔4〕，畫成應遣一生愁（司馬公）〔5〕。

〔校注〕

〔1〕錄自《式古堂書畫彙考》卷四五、《江村銷夏錄》卷一。牟益：南宋畫家。字德新，理宗、度宗兩朝間人，籍貫四川。畫入能品。

〔2〕宋黃庭堅《平原宴坐二首（元豐元年北京作）》其二句。殿本、樹經堂本《題邢惇夫扇》作「小蟲催女獻公裘」。

〔3〕宋鄭僅《調笑轉踏十二首（每首三十八字）》其五句。此誤作「東坡」。　　鐵馬：披甲的戰馬，泛指精銳的騎兵。追風：形容馬疾馳如飛。塞草：邊草。

〔4〕宋王安石《和張仲通見寄三絕句》其一句。

〔5〕宋司馬光之父司馬池《行色》句。唐高蟾《金陵晚望》：「曾伴浮雲歸晚翠，猶陪落日泛秋聲。世間無限丹青手，一片傷心畫不成。」

林希逸

　　林希逸（1193～1273），字肅翁，號鬳齋，又號竹溪，福清（今屬福建）人。理宗端平二年（1235）進士，歷官秘書省正字、樞密院編修，遷知饒州，官至中書舍人。師從陳藻，與寒齋林公遇為友。著有《考工記解》《竹溪鬳齋十一稿續集》三十卷。今錄戲謔詩 21 首。

謝劉正奏惠文戲效昌黎體仍用送賈浪仙韻一首〔1〕

　　可人忽及門〔2〕，瑩骨清照膽。銜袖子何謙，拜手吾豈敢。於嗟泥尚蟠，有興月可攬。何居欲困衡〔3〕，乃爾蹈坎窞〔4〕。萬言蛹吐絲，一第髭摘頷〔5〕。攀天桂非高，佳境蔗方啖。但思俗茫茫，頗怪雲黯黯。顧我方阨窮〔6〕，相看合淒慘。藿食忿醋饗〔7〕，大羹鄙漓澹〔8〕。甘守竹笭箵〔9〕，疇憶蓋菡萏〔10〕。孤熊輩狸狌〔10〕，芳卉雜葭菼〔11〕。躪藉眾靡憐〔12〕，訪求情易感。玉肆混琳瑊〔13〕，珍筵侶菹歜〔14〕。豈伊厭蔥珩〔15〕，雅欲共藜糝〔16〕。見睍失漉漉〔17〕，聞雷嗟坎坎〔18〕。儷箋價編瓊〔19〕，璆稿憤削槧〔20〕。新知乍激昂〔21〕，老我長顣頷〔22〕。惟應旌翹翹〔23〕，曾是御憪憪〔24〕。期君騏驤驤〔25〕，眇彼蜉蝣撼〔26〕。層青富修程〔27〕，墳索且玄覽〔28〕。

〔校注〕

〔1〕劉正奏：名應旗。作者有作於咸淳三年的《回劉正奏生日啟》。昌黎體：即「韓昌黎體」，主要指韓愈詩體，其特點是以賦為詩、以文為詩。運古文章法、句法入詩，多用虛詞，好發議論，善於鋪排渲染。體裁方面雖律絕亦有佳作，然尤擅古體。

〔2〕可人：性行品格高尚的人。

〔3〕困衡：困於連衡。戰國時，蘇秦說六國聯合起來抗秦，史稱「合縱」。張儀主張拆散合縱，使六國一個個服從秦國，稱為「連橫」。由於連橫，秦國採取遠交近攻政策，首先打擊趙、魏，所以說「趙魏困橫」。

〔4〕坎窞（dàn）：坑穴。喻險境。《易·習坎》：「習坎，入於坎窞，凶。」孔穎達疏：「既處坎底，上無應援，是習為險難之事無人應援，故入於坎窞而至凶也。」

〔5〕頷，頷與後顧頷重韻。　　髭摘頷：即摘頷髭，摘取鬍鬚，比喻取科第之易。

〔6〕阨窮：阻塞也。《孟子》：「厄窮而不憫。」

〔7〕藿食：粗食。也用以借指草野之人。恣：放縱。酣：飲酒酣暢貌。饕：極貪欲；極貪財。

〔8〕漓澹：水波起伏貌。

〔9〕笒箵：漁具的總稱，亦指貯魚的竹籠。

〔10〕狸狌：野貓。《莊子·逍遙遊》：「子獨不見狸狌乎？卑身而伏，以候敖者；東西跳樑，不闢高下；中於機辟，死於罔罟。」《莊子·秋水》：「騏驥驊騮，一日而馳千里，捕鼠不如狸狌，言殊技也。」成玄英疏：「狸狌，野貓也。」

〔11〕葭菼：即蘆與荻。均為水生植物名。《詩·衛風·碩人》：「葭菼揭揭。」毛傳：「葭，蘆；菼，薍也。」漢張衡《東京賦》：「內阜川禽，外豐葭菼。」

〔12〕躪藉：踩踏；踐踏。

〔13〕玉肆：古代製作玉石、賞玩買賣玉石的地方。琳瑉：亦作「琳珉」，精美的玉、石。《史記·司馬相如列傳》：「其石則赤玉，玫瑰、琳瑉、琨珸。」裴駰集解引《漢書音義》曰：「琳，球也；瑉，石之次玉者。」《文選·司馬相如〈子虛賦〉》作「琳珉」。

〔14〕菹歜（zūchù）：菹草做的醃菜。

〔15〕蔥珩：蔥，綠色。珩，佩玉。蔥綠色的佩玉，是爵位高的人用的飾物。

〔16〕藜糁：用灰條菜和穀物的細粒做成的食品。相傳為梁武帝始創。因麩素富含蛋白質，故有滋養之效。

〔17〕睍：因為害怕不敢正視貌。澰澰：猶濕淋淋。

〔18〕坎坎：象聲詞，砍樹的聲音。

〔19〕箋：竹簡、竹片。瓊：玉屑。

〔20〕璆（qiú）：古同「球」，美玉，亦指玉磬。槧（qiàn），木板片。

〔21〕新知：新交的朋友。南朝梁何遜《贈諸遊舊》：「新知雖已樂，舊愛盡睽違。」

〔22〕顑頷（kǎn hàn）：因飢餓而面黃肌瘦貌。

〔23〕旌：古代用羽毛裝飾的旗子，亦指用犛牛尾與羽毛裝飾的軍旗。又指普通的旗，或代指各種旗幟。翹翹：指上舉。

〔24〕懵懵：憂愁貌，或昏暗貌。

〔25〕驤：通「襄」，上舉、騰起。

〔26〕蚍蜉撼：即蚍蜉撼大樹，比喻自不量力。唐韓愈《調張籍》：「蚍蜉撼大樹，可笑不自量。」

〔27〕層青：青苔。修程：長途。

〔28〕墳索：三墳、八索之合稱，亦泛稱古代典籍。玄覽：道教教義概念，意指心境清明，直覺悟道。

耳鳴戲作

底事虛聰裏，長聞風雨聲。史嘗云蟻鬥〔1〕，醫卻比蟬鳴。老縱聾何惜，愁因聒易生。道書疑太誕〔2〕，如磬是丹成。〔3〕

〔校注〕

〔1〕蟻鬥：南朝宋劉義慶《世說新語・紕漏》：「殷仲堪父病虛悸，聞床下蟻動，謂是牛斗。」後用為病虛意幻的典故。宋蘇軾《次韻秦太虛見戲耳聾》：「人將蟻動作牛斗，我覺風雷真一噫。」

〔2〕太誕：過於荒誕。

〔3〕自注：《丹書》云：「第三轉，則耳中常有笙磬鳳凰之聲。」　　丹成：內丹名詞。《中和集》卷三：「身心合一，神炁混融，情性成片，謂之丹成。喻為聖胎。仙師云：『本來真性是金丹，四假為爐煉作團』是也。」

四睡戲題〔1〕

多少醒人作寐語，異形同趣誰知汝。四頭十足相枕眠，寒山拾得豐干虎〔2〕。

〔校注〕

〔1〕四睡：即宋元間著名之畫題《四睡圖》，道釋畫題。圖中繪豐干、寒山、拾得與一虎，四者俱酣睡，畫面靜寂，顯現禪之意境。《宋高僧傳》卷十九封干（豐干）傳載，豐干常騎虎，且傳說豐干禪師與寒山、拾得交友，故有此畫之作。

〔2〕自注：其像三人交頭枕虎而睡。　　豐干虎：傳說豐干禪師所騎的猛虎。

戲效劉莒溪十二辰歌〔1〕

華門鼠憂多唧唧，我貧不厭瓜牛窄〔2〕。癡人虎視欲眈眈，我寧老守兔園冊〔3〕。莫愁龍具苦酸寒〔4〕，等為蛇跗祇瞬息〔5〕。試問藍關馬不前〔6〕，何似金華羊可叱〔7〕。嬌羞已笑沐猴冠〔8〕，卑棲那更爭雞食〔9〕。掉頭一任犬狺狺〔10〕，掩耳莫聽豬嚘嚘。

〔校注〕

〔1〕劉莒溪：不詳。

〔2〕瓜牛：蝸牛的別稱。宋陸游《幽興》詩：「身如海燕不逢社，家似瓜牛僅有廬。」

〔3〕兔園冊：兔園冊亦稱《兔園策府》，中國古代蒙學課本。作者為唐代杜嗣先（有人認為是虞世南）收集古今事蹟、典故，用對偶文句分類編纂。

〔4〕龍具：即牛蓑衣。編麻或草為之以蓋牛體使保暖，古稱牛衣。《漢書·王章傳》：「章疾病，無被，臥牛衣中。」唐顏師古注：「牛衣，編亂麻為之，即今俗呼為龍具者。」

〔5〕蛇跗：蛇腹下的橫鱗。

〔6〕藍關馬不前：藍關，即藍田關，今在陝西省藍田縣，藍田山南，此處山陡壁峭，怪崖懸連，山高不見頂，谷深無底淵，曲路石咬腳，狐猴不敢攀。此用韓愈《左遷至藍關示姪孫湘》句。

〔7〕金華羊：即「叱石為羊」寫仙道的玄妙、神奇。唐顧雲《上右司袁郎中啟》：「某聞仙翁逞術，叱石為羊；方士呈能，結巾成兔。」

〔8〕沐猴冠：《史記·項羽本紀》：「人言楚人沐猴而冠耳，果然。」，沐猴即彌猴。彌猴帶冠，徒具人形，比喻人之虛有其表，實無人性。

〔9〕卑棲：謂居於低下的地位。唐皇甫冉《送田濟之揚州赴選》詩：「調補無高位，卑棲屈此賢。」宋范仲淹《西溪書事》詩：「卑棲曾未託椅梧，敢議雄心萬里途。」

〔10〕狺狺（yín yín）：犬吠聲。

溪居古榕甚佳未嘗有所賦得柞山詩卷借奇字韻戲成一首〔1〕

古樹婆娑誰手種，有藤纏絡似髯垂。但看窗草求溪意，自覺庭楸欠愈詩〔2〕。才拙豈能酬郢曲〔3〕，心降但合靡齊旗。吟渠卻羨公家柞〔4〕，短韻長篇句句奇。

〔校注〕

〔1〕柞山：在綏遠省（今內蒙古）境內。《魏書・太宗紀》：「泰常六年，西巡獵於柞山，逐至於河。」此指人名。

〔2〕庭楸：《庭楸》是唐朝著名文學家韓愈的代表作品之一。

〔3〕郢曲：泛指楚歌。郢，楚地。南朝宋鮑照《玩月西門廨中》：「蜀琴抽自雪，郢曲發陽春。」

〔4〕公家柞：指柞山詩卷的作者。

泳得男再蒙後村先生和除字見寄戲和一首〔1〕

貧慣人人嗤不管，老慚幼幼念難除。有孫何必位為喜，〔2〕戲父誰云翁不如。〔3〕夫子忘年容撰屨〔4〕，長文何日抱隨車〔5〕。殷勤好伴腰鎌叟〔6〕，莫學嬌癡女覓魚。

〔校注〕

〔1〕泳：指林之子林泳。林泳（生卒年不詳），字太淵，號艮齋，又號弓僚，福清（今屬福建）人，希逸長子。寶祐元年（1253）進士，嘗入淮閫，奉檄往來淮、浙之間，旅食臨安。咸淳間，知安溪縣。善墨竹，能篆書，工詩，尤長於四六。多與劉克莊唱和，劉稱其以文詞擅雄名，為詩超詣，而文尤過於詩，「所作翦截冗長，劃去繁蕪」，「粹美無瑕，意脈相貫」

〔2〕自注：蕭願。

〔3〕自注：張憑。

〔4〕撰屨：撰杖捧屨，謂侍奉長者。

〔5〕隨車：隨車致雨，指時雨跟著車子而降。比喻官吏施行仁政及時為民解憂。

〔6〕腰鎌：腰間帶著鎌刀。

戲效梅宛陵賦歐公白兔

毛蟲雖小著仙籍，云渠千歲皆化白。中山山中衣褐徒，生長何年換顏色。豈其孕育自卯宮，又是金公付精魄〔1〕。渠宗學孔非學朱〔2〕，拔毛不蘄供書冊。老蒙將軍縱獵時，遁向何方為窟宅。紛紛爾後更幾秦，避世甘心餐苦柏。明時作意始出來，五嶽遍遊無定跡。多生曾識六一仙，知道琅琊有新刻〔3〕。要尋此碑龜與螭〔4〕，何事乃被滁人得。滁人知渠

慕醉翁，翁歸已在雲霞中。期翁千歲亦如汝，殷勤遠致提金籠〔5〕。傳誇瑞物遍都邑，倡和千篇模寫工。翁攜入直金鑾殿，渠應自比廣寒宮。寄聲樹下搗藥者〔6〕，汝伴嫦娥我伴公。

〔校注〕

〔1〕金公：道家稱鉛。《雲笈七籤》卷六三：「時人不知金公之理，金者太白之名，公者物中之尊，呼之曰鉛。」

〔2〕孔：孔子。朱：朱熹（1130～1200），字元晦，號晦庵。徽州婺源（今屬江西）人。南宋理學大家。

〔3〕琅琊：地處滁州城區南部。滁州，唐屬淮南道，州治清流縣，即今安徽滁州。

〔4〕螭：古代傳說中一種沒有角的龍。

〔5〕金籠：養蟋蟀類。唐代天寶年間宮中以金絲作籠，養蟋蟀。此指養兔之籠。

〔6〕搗藥者：指廣寒宮上的玉兔。

太平蓮者草花也本如藤蔓好事者結竹而植之其花大如當三錢四圍先綻中有一萼如初出水蓮最後方拆想以此得名一花可十許日鄰人饋以一盆亦自可愛推其所以名者戲述一首

柔條細葉綠層層，盤結何工豈易然。繞竹似藤渾似草〔1〕，開花如菊卻名蓮。知渠耐看令人喜，入我新吟與世傳。性分本同無細大〔2〕，休誇太乙葉為船〔3〕。

〔校注〕

〔1〕似，明抄本作「是」。

〔2〕性分：性，指人生來如此的「天性」，「分」指本當如此的「本分」。指人的所謂「天性」是生就如此的、不得不然的一種「本分」，是不可改變的。

〔3〕太乙葉：白蓮花也。

問訊後村目眚〔1〕

赤眚因何久未除，客來多為荔分疏。苦云牛背寒光減，病在蠅頭細字書。老學常時資共訂，詩筒兩月頓成虛。人間未有醫龍手，夢索仙翁擬訪渠。

〔校注〕

〔1〕自注：前書云食荔多得此疾。

梯飆遺惠菊糕且以鐵壁和篇與蘭闡魁卷示教戲用前韻以謝〔1〕

詩來已似風敲竹，飣巧還如雪糝花。便把菊杯邀酒伴，誰將糕字問吟家。獨憐卷上文成錦，卻守琴邊鬢欲華。飽聽溪干人頌詠，烏歸早早進三麻。

〔校注〕

〔1〕梯飆：薛夢桂（生卒年不詳），字叔載，號梯飆，永嘉人。寶祐元年（1253）進士，嘗知福清縣，仕至平江倅。周密《浩然齋雅談》稱其擢第後通京籍，風度清遠，所居西湖五雲山，曰隔凡關，曰林壑甕，通命之曰方崖小隱。諸名士莫不納交焉。儷語古文詞筆，皆灑落，不特詩也。其詞工穩靈活，前人譽為「能品」。《絕妙好詞》卷三載其詞四首。

長孫遣聘五更戲作

生涯太極一圖中〔1〕，白鶂猶鳴上下風〔2〕。蟻穴蜂房人世是，鳩媒鳩婦性情同。誰家不欠兒孫債，緣法還歸造化功。月下有書何日定，一門三見線牽紅。〔3〕

〔校注〕

〔1〕太極：在古代哲學表述宇宙本原及其無限性的一個概念，「太」有至的意思，「極」則為極限之義，「太極」就是至於極限，無有相匹，既包括了至極之理，也包括了至大至小的時空極限。

〔2〕白鶂：亦作「白鷁」。一種形如魚鷹、毛白色、能高飛的水鳥。《莊子·天運》：「夫白鶂之相視，眸子不運而風化。」

〔3〕自注：祖、子、孫皆婚方氏。

客云今年小限甚佳戲題一首〔1〕

曉呼兒讀新詩草，晝引孫看槁葉蓮。但得天教閒度日，休將星算小行年〔2〕。耐饑不管塵生甑〔3〕，嗇算猶存紙裏錢。一事近來堪自笑，關心數月為橋緣。

〔校注〕

〔1〕小限：占卜術語。即人一年的行運或五年行運。

〔2〕小行年：猶言「小運」。星命家謂十年行一大運。一年行一小運。故小運亦稱小行年。

〔3〕塵生甑：即「釜魚甑塵」。形容人飢餓潦倒。東漢官修史書《東觀漢記》：「范丹字史雲，為萊蕪長，遭黨錮事，推鹿車，載妻子，招拾自資，有時絕糧，丹言貌無改。閭里歌之曰：『甑中生塵范史雲，釜中生魚范萊蕪。』」宋黃庭堅《次韻答曹子方》：「誰憐相逢十載後，釜裏生魚甑生塵。」

昨晚溪緣之論聞善友頗不能堪戲成八句

作室道謀雖不可〔1〕，同舟義等又何疑。自賢必去能賢也，不受何宗是受之〔2〕。非馬固知難喻馬，圍棋恐未及看棋。溪乾老子歸來笑，憶到行河集議時〔3〕。

〔校注〕

〔1〕作室道謀：比喻做事自己沒有主見，缺乏計劃，一會兒聽這個，一會兒聽那個，終於一事無成。

〔2〕何宗：什麼宗派。

〔3〕行河：巡行黃河河道。《漢書·平當傳》：「當以經明《禹貢》，使行河，為騎都尉，領河堤。」顏師古注：「《尚書·禹貢》載禹治水次第，山川高下。當明此經，故使行河也。」集議：皇帝就某一重大問題，指定群臣會議，進行討論，提出解決的初步意見。

和效顰一首〔1〕

詩能妨病語情真，才大猶如富傲貧。強作手書誠愧我，那知腹稿不勞人。生平酷好樂何苦，集本多傳續又新。拚卻此身吟送老，百骸雖在果誰親。

〔校注〕

〔1〕自注：屢勸吟多恐妨目眚，答以自樂不為勞。

再和效顰一首寄後村

讀易伊誰見得真，能見富定不如貧〔1〕。涪翁但冀天還眼〔2〕，子厚何求愁化身〔3〕。語燕殷勤如話舊，良苗次第又懷新。往來獨恨詩差少，便覺江山憔悴人。

〔校注〕

〔1〕自注：向子平。

〔2〕涪翁：黃庭堅（1045～1105），字魯直，自號山谷道人，晚號涪翁。宋代江西
詩派盟主。

〔3〕自注：若為化得身千萬。　　子厚：柳宗元（773～819），字子厚。唐代思想
家和文學家。

豨凍宜酒以皮為之入口爽而色可愛，客以山谷醒酒冰比之，余謂冰鱗物也，其性寒比之玉貍又不瑩，戲成一首

豚膏鼎化元非胾〔1〕，切入金盤得許清。鱗雪性寒空細縷，貍霜糟重
欠通明。渠嗟不遇黃山谷〔2〕，我愛渾如碧水晶。醉後不妨冰著齒，最
宜人是味溫平。

〔校注〕

〔1〕豚膏：小豬的肉。胾：切肉。

〔2〕黃山谷：即黃庭堅，字山谷，北宋書法家、文學家。字魯直，號山谷道人、涪
翁，分寧（今江西省修水縣）人。其詩書畫號稱「三絕」，與當時蘇東坡齊名，
人稱「蘇黃」。

朱典卿和章有結茅孤青之語戲為古風以絕之〔1〕

盥手捧詩神索索〔2〕，高懷細把重抽繹〔3〕。冥心不覺有鬼知，消息
漏傳到姑射〔4〕。個中昨夜有使來，夢魂暗引飛雙腋。樓高百尺錦戶開，
中有一人猶岸幘〔5〕。低頭未敢問起居，自言我是壺仙客〔6〕。紫薇花下
引笑歸，世緣已謝來茲宅。雖然舊隱也未忘，離宮尚浸孤青碧。側聆有
客身姓朱，結茅準擬欺泉石。山神火急報此間，移文便已回飛驛。馮夷
奏記奉指揮〔7〕，嚴兵鎖斷青松壁。公為詩案有引連，歸到人間憑解釋。
云渠姓字在天衢，撿點不上幽人籍。明年已著瑞鶴袍〔8〕，浪言誰與飛
鳧舄。便令勳業了鼎彝〔9〕，也莫迂我雲山跡。宇宙如今況未清，經綸
不任伊誰責。更是蓬萊有新禁，岩局不許金袍惜〔10〕。詩詞固然多孟浪
〔11〕，此事也須先禁格。劃然驚覺汗滿身，捉筆書之窗已白。請君從此
莫戲談，恐有鬼神重聽得。

〔校注〕

〔1〕自注：孤青，艾軒擬小築處也。　　按：艾軒：南宋初期林光朝被學者稱之為艾軒先生，是宋代理學的一個支派。繼程門尹焞之學，重道德踐履，「專於聖賢踐履之學」。「學通六經，貫百氏言，動必以禮」（《宋元學案·艾軒學案》）。認為「日用是根株，言語文字是注腳」（同上）。朱典卿：朱素，字履常，元豐二年（1079）令瑞安。林石有和詩，晚清戴咸弼錄入《東甌金石志》，《全宋詩》據以收錄。宋詩人王邁有《送朱典卿履常上舍西上》《送朱典卿履常參學》等詩。按：此朱履常非朱典卿。

〔2〕盥手：洗手。古人常以手潔示敬重。索索：恐懼貌。《易·震》「震索索，視矍矍。」疏：「索索，心不安之貌。」

〔3〕抽繹：從中理出頭緒。「能抽繹先儒之書，而發其端緒之未竟者。」

〔4〕姑射：即「姑射仙人」。《莊子·逍遙遊》：「藐姑射之山，有神人居焉。肌膚若冰雪，綽約若處子，不食五穀，吸風飲露，乘雲氣，御飛龍，而遊乎四海之外，其神凝，使物不疵癘而年穀熟。」

〔5〕岸幘：意為推起頭巾，露出前額。形容態度灑脫，或衣著簡率不拘。漢孔融《與韋端書》：「閒僻疾動，不得復與足下岸幘廣坐，舉杯相於，以為邑邑。」

〔6〕壺仙客：用壺公典。

〔7〕馮夷：中國古代神話中的黃河水神。原名馮夷。也作「冰夷」。在《抱朴子·釋鬼篇》裏說他過河時淹死了，就被天帝任命為河伯管理河川。

〔8〕鶴袍：繡有仙鶴的官服。

〔9〕鼎彝：鼎，古代烹飪器；彝，古代宗廟中的禮器。常於上刻銘功記德的文字。

〔10〕岩扃：山口。

〔11〕孟浪：疏闊而不精要；荒誕而無邊際。《莊子·齊物論》：「夫子以為孟浪之言，而我以為妙道之行也。」

獨夜偶成迴文

　　身隨影立孤燈暝，杖倚人行獨月明。新得病形成瘦鶴，亂添愁思惹飛螢。

長門怨迴文

傷情暗斷恩和愛，抆淚空添怨與愁。霜透衣寒輕卷袖，月移窗去罷吹簫。

文字飲

我問揚雄字，君評李嶠文〔1〕。劇談聊詡詡，對飲盡醺醺。筆落三千首，杯浮一百分。醉吟唐學士，酒頌晉參軍。良夜邀明月，他年憶暮雲。獨醒憐楚客，悲怨託湘君。

〔校注〕

〔1〕李嶠文：張說云：「李嶠文如良金美玉，無施不可。」

近聞諸山例關堂石門老偶煮黃精以詩為寄次韻以戲之〔1〕

束縛齋魚晝掩關，長鑱斸雪草泥間〔2〕。竹爐石鼎甘香剩，分與衰翁卻病顏。

〔校注〕

〔1〕黃精：古代服食藥物。又作「黃芝」「鹿竹」「救窮草」「仙人餘糧」。《抱朴子・仙藥》：「服黃精僅十年，乃可大得其益耳。」又謂：「服其花勝其實，服其實勝其根」，「凶年可以與老小休糧。」

〔2〕長鑱：亦稱「踏犁」，古代踏田農具。唐杜甫《乾元中寓居同谷縣作歌》：「長鑱長鑱白木柄，我生托子以為命。」斸（zhú）：大鋤，「惡金以鑄鉏（鋤）、夷、斤、斸，試諸壤土。」

卷三十一

嚴粲

嚴粲，字坦叔，一字明卿，號華谷，邵武（今福建邵武）人。嚴羽族弟。嘉定十六年（1223）進士，官歷知清湘縣、徽州掾、倉部郎官。有《華谷集》。今錄戲謔詩4首。

夜投荒店戲成

喚起吹松火〔1〕，開門問帶嗔。隨行曾有米，同伴幾何人。亂稈鋪添薦〔2〕，殘籬拾作薪。夜寒難得酒，煩扣隔山鄰。

〔校注〕

〔1〕松火：指燃松柴的火，也指照明用的松明。

〔2〕薦：草席、草墊。《說文》：「薦，獸之所食草。」《莊子·齊物論》：「麋鹿食薦。」本義指食草獸所食的草，食草獸也常常以草為窩，引申為草席或草墊。

戲友人

今朝有清興，無處覓詩人。寺占房空鎖，窗窺榻有塵。尋芳知尚早〔1〕，報謁未應頻〔2〕。只在城中醉，煙雲滿澹津〔3〕。

〔校注〕

〔1〕尋芳：出遊觀賞美景。姚合《遊陽河岸》：「尋芳愁路盡，逢景畏人多。」

〔2〕報謁：「報」，指奉命辦事，完成以後向上級報告。「謁」，陳述、稟告。

〔3〕澹津：澹津湖，在今鄱陽縣。

戲詩友談仙

君期汗漫遊〔1〕，不敢問所適。贈別亦何有，當辦鶴一隻。還疑是凡羽〔2〕，不任載仙質。乘煙寧假此，聊以壯行色。淹留非牽俗〔3〕，應未得良日。空令施肩吾〔4〕，久待問詩律。

〔校注〕

〔1〕汗漫：無邊際，後轉為仙人別名。《淮南子‧道應》：「吾與汗漫期於九垓之外，吾不可以久駐。」

〔2〕凡羽：普通的鳥。借稱平庸的人。唐沈亞之《上李諫議書》：「某常有混類之悲，不能自致，其拙也甚矣。故祥禽之類凡羽而凡羽混之。」

〔3〕淹留：羈留；逗留。《楚辭‧離騷》：「時繽紛其變易兮，又何可以淹留？」

〔4〕施肩吾：施肩吾（780～861），字希聖，號東齋，入道後稱棲真子，為唐代著名詩人、道學家、民間開發澎湖第一人。

戲友人

怪得詩情減一分，知君為學有新聞。塵中畢竟閒人少，獨自開樽對白雲。

白玉蟾

白玉蟾（1194～？），本姓葛，名長庚，因過繼白氏，故更名白玉蟾，字如晦、紫清、白叟，號海瓊子、海南翁、武夷散人、神霄散吏等。祖籍福建閩清。白玉蟾為道教金丹派南五祖之一，精研內丹理論。著有《玉隆集》《上清集》《武夷集》等，後由其弟子編為《海瓊玉蟾先生文集》。今錄戲謔詩 14 首。

戲鶴林〔1〕

柱下固能官老子，漆園亦可祿莊周〔2〕。鶴林不仕知何意，快取青氈趁黑頭〔3〕。

〔校注〕

〔1〕鶴林：《寄三山彭鶴林》自注：「鶴林，彭耜自號也。玉蟾於彭耜，則仙家父子也。相別久之，故作是詩也。」　彭耜，生卒年不詳，字季益，號南嶽先生，自號鶴林，稱鶴林靖，長樂（今屬福建）人。拜大都功。《全宋詞》輯其詞三首，《全宋詩》卷三一二八錄其詩十五首。

〔2〕漆園：古地名。戰國時莊周為吏之處，在今商丘市北。唐蔣防《至人無夢》詩：「翛然碧霞客，那比漆園人。」宋陸游《上虞逆旅見舊題歲月感懷》詩：「漆園傲吏猶非達，物我區區豈足齊？」

〔3〕青氈：指帳篷、帽冠等物。此代指建功立業。宋陸游《漢宮春·初自南鄭來成都作》詞：「吹笳暮歸，野帳雪壓青氈。」黑頭：指青年。

嘲杜鵑

杜宇聲聲蓋自嗟，春殘何事更天涯。不歸則是歸還是，伊是無家或有家。

戲聯食鱷體取其骨糜肉化之義〔1〕

何其秀且明，而況清以美。不醉將如何，無吟詎自已。（白）凡與共此者，但須行樂耳。無意固必我〔2〕，可久速仕止〔3〕。（黃）離合忍複道，光陰能有幾。相對默不言，新篘多且旨〔4〕。（白）玄中難致詰，聖處可勝紀〔5〕。何為是棲棲〔6〕，未免聊復爾。（黃）

〔校注〕

〔1〕《白集新編》標題前加「（黃天谷）」。以下均同。　　黃天谷：黃春伯，號天谷，自言得道，頗涉文墨，所至牆壁淋漓揮掃，能聳動人。嘉定十六年，嘗與白玉蟾聯句。劉克莊有《黃天谷贈詩次韻》，其《王隱居六學九書序》云：「近世丹家如鄒子益、曾景建、黃天谷皆余所善。」《後村詩話》前集二：「黃天谷名春伯。」《全宋詩》卷三一四一錄其詩。

〔2〕固必，《白集新編》校：甲本作「必固」。　　固必：固定不變之規。《五燈》卷十九，壽聖楚文禪師：「上堂，拈拄杖云：『華藏木柫栗，等閒亂拈出。不是不惜手，山家無固必。點山山動搖，攪水水波溢。忽然把定時，事事執法律。要橫不得橫，要屈不得屈。」

〔3〕速仕，《白集新編》、乾隆本作「仕速」，並校：甲本作「速仕」。　　仕止：指出仕或隱退。

〔4〕新篘：新漉取的酒。唐段成式《怯酒贈周繇》詩：「大白東西飛正狂，新篘石凍雜梅香。」宋蘇軾《和子由聞子瞻將如終南太平宮溪堂讀書》：「近日秋雨足，公餘試新篘。」

〔5〕聖處：指酒。古人以酒清者為聖人，濁者賢人。勝紀：形容數量極多。唐魏徵等《隋書·經籍志（四）》：「而金丹玉液長生之事，歷代糜費，不可勝紀，竟無效焉。」

〔6〕棲棲：忙碌不安貌。《詩·小雅·六月》：「六月棲棲，戎車既飭。」朱熹集傳：「棲棲，猶皇皇不安之貌。」《論語·憲問》：「丘何為是棲棲者與？無乃為佞乎？」

戲聯仄字體〔1〕

一雨倏復霽，旱魃已退壘〔2〕。（白）遠水白浩蕩，列岫翠迤邐〔3〕。（黃）古磧纏荇帶〔4〕，宿鷺戀荻米。（白）搦笛叫月姊〔5〕，伴我啜綠蟻〔6〕。（黃）

〔校注〕

〔1〕《海瓊摘稿》卷八題目乃「與黃天谷戲聯仄字體」。

〔2〕旱魃（bá）：傳說中引起旱災的怪物。《詩·大雅·雲漢》：「旱魃為虐，如惔如焚。」孔穎達疏：「《神異經》曰：『南方有人，長二三尺，袒身，而目在頂上，走行如風，名曰魃，所見之國大旱，赤地千里，一名旱母。』」

〔3〕列岫：指景色秀美之處。

〔4〕古磧：無人開墾的沙荒地。磧：淺水中的沙石；沙石淺灘。《說文》：「磧，水渚有石者」。荇帶：荇菜，衣帶狀水草。

〔5〕月姊：指傳說中的月中仙子、月宮嫦娥。唐李商隱《水天閒話舊事》詩：「月姊曾逢下彩蟾，傾城消息隔重簾。」宋范成大《次韻即席》：「月姊有情難獨夜，天孫無賴早斜河。」

〔6〕綠蟻：指浮在新釀的沒有過濾的米酒上的綠色泡沫。

戲聯平字體〔1〕

西風來無邊，松聲填虛空。晴雲飛彌漫，涼蟾光玲瓏〔2〕。（白）揮觥奔長鯨〔3〕，憑欄窮冥鴻〔4〕。詩成摛霜毫〔5〕，吹噓呈天公。（黃）

〔校注〕

〔1〕《海瓊摘稿》卷八題目有「與黃天谷」四字。

〔2〕涼蟾：秋天的月亮。唐李商隱《燕臺·秋》詩：「月浪衡天天宇濕，涼蟾落盡疏星人。」

〔3〕奔長鯨：形容酒量大。

〔4〕冥鴻：高飛的鴻雁。喻指不受世俗束縛的俊逸之士。漢揚雄《法言·問明》：「或問君子在治，曰：『若鳳。』在亂，曰：『若鳳。』或人不諭，曰：『未之思矣。』曰：『治則見，亂則隱。鴻飛冥冥，弋人何簒焉？』」李軌注：「君子潛神重玄之域，世網不能制御之。」

〔5〕霜毫：「毛筆」的雅稱。本特指羊毫筆。後泛指毛筆。

戲聯迭韻體〔1〕

兩槳往莽蒼，弓蓬窮空蒙〔2〕。（白）傴僂苦怒雨，穹窿通雄風。（黃）美苣迤邐紫〔3〕，叢楓朦朧紅。（白）彼美綺里子〔4〕，終同隆中翁。（黃）

〔校注〕

〔1〕《海瓊摘稿》卷八題目有「與黃天谷」四字。

〔2〕空蒙：迷茫貌；縹緲貌。南朝齊謝朓《觀朝雨》詩：「空蒙如薄霧，散漫似輕埃。」唐杜甫《渼陂西南臺》詩：「仿像識鮫人，空蒙辨魚艇。」

〔3〕苣：古書上說的一種香草，即「白芷」。

〔4〕綺里子：綺里季，以居住地為姓氏。漢「商山四皓」綺里季之後。《通志》云：朱暉，居綺里，字季。

戲聯迴文體〔1〕

水連天渺渺，山映月亭亭。尾棹依鳧渚〔2〕，頭船過蓼汀〔3〕。（白）鬼神號暝壑，煙霧靄疏櫺〔4〕。美醹浮觴玉〔5〕，輕衣拂劍星。（黃）

〔校注〕

〔1〕《海瓊摘稿》卷八題目有「與黃天谷」四字。

〔2〕棹：搖船的工具。鳧渚：野鴨棲息的小洲。

〔3〕蓼汀：生長著蓼草的小洲。

〔4〕疏櫺：窗櫺。

〔5〕美醹：美酒。觴：古代酒器，《說文》：「觴，實曰觴，虛曰觶。」意指斟上酒的酒器為觴，未斟酒的酒器為觶。

夜船與盤雲聯句迴文〔1〕

煙山暮滴翠，露葉秋翻紅。（白）川急回斜岸，草枯凋薄霜。（黎）蟬寒嘶月淡，鴈過暝天長。（白）船泊宜沙浦，夜深同詠觴。（黎）

〔校注〕

〔1〕《海瓊摘稿》標題後有「順回俱平」四字。盤雲：即黎盤雲。與白玉蟾有聯句。事見《海瓊玉蟾先生文集》卷六。

潘紫岩與余賦雪約不得用色數並實字及比喻〔1〕

不似尋常凍，俄而散漫飛。羞明猶欲落〔2〕，等伴未全晞。（白）承得圓還碎，看來是復非。積深仍密密，舞急轉霏霏。（潘）弗是篩成細，何如拾取歸。今焉皆璀璨，昨者只浂麩〔3〕。（白）掃去依元有，呵來忽漸微。亂飄寒轉甚，相映遠生輝。（潘）莫踏凹中滿，遙知凸處肥。嚴凝吟不厭，凜冽飲無威。（白）賞玩真堪樂，豐穰不用祈〔4〕。嬋娟雖可待〔5〕，融散恐幾希〔6〕。（潘）

〔校注〕

〔1〕潘紫岩：潘牥（1205～1246），字庭堅，號紫岩。閩縣（今屬福建福州市）人。為人跌宕不羈，為詩文亦脫去筆墨蹊徑，秀拔精妙，尤工小楷書。詩存六首，詞存五首，近人輯為《紫岩詞》。

〔2〕羞明：病名。又名羞明畏日、怕日羞明、畏日、惡日、畏明。

〔3〕浂：小雨。

〔4〕豐穰：收穫豐盛。《漢書·食貨志》：「百姓安土，歲數豐穰，穀至石五錢，農人少利。」

〔5〕嬋娟：形容姿態美好。在古代詩文中多用形容女子，也用以形容月亮等。

〔6〕幾希：不多，一丁點兒，無幾，甚少。《孟子·盡心上》：「舜……其所異於深山之野人者，幾希。」注曰：「希，遠也。」

迭字招隱

其一

逐逐何時知足〔1〕。來歸山，共種菊。有松為酒，有藜當肉。亦有澗底芝，亦有岩上瀑。白日自覺如年，青山長是對目。閒雲與充封門人，清風為作掃室僕。朝宴息乎長松之陰，夜偃仰乎冷翠之谷〔2〕。我無涕唾津精氣血液，了絕喜怒哀樂愛惡欲。練空碧毓紫沖兮身如玉，乘氣御飛兮詠九霞之曲〔3〕。

〔校注〕

〔1〕逐逐：奔忙；匆忙。

〔2〕冷翠：給人以清涼感的顏色。唐陸龜蒙《秋荷》詩：「盈盈一水不得渡，冷翠遺香愁向人。」

〔3〕九霞：一謂神仙帝真所披衣或真身發射的九種彩光霞景。《皇經集注》：「九霞
流景。」注：「九霞，碧霞、彩霞、紫霞、丹霞、雲霞、煙霞、瑞光霞、景輝
霞、普運寶霞，九色玄光，流此異景，蓋衣之光。亦云神之隨形妙好，不專在
衣被也。」一謂日光精氣。南朝梁陶弘景《登真隱訣》卷四：「太極真人服四
極雲芽神仙上方，挹五方元晨之暉，食九霞之精也。」注：「謂清晨之元氣，
始暉之霞精，日陽數九，是曰九霞。」

其二

逐逐且貪怎足〔1〕。戀松楸，愛蓮菊〔2〕。食玉衣錦，池酒林肉。甕
埋地閣鐘，月瀉天窗瀑。鄭衛殆塞其聰，趙燕可盲其目。鏡盟釵詛謾交
交〔3〕，馬跡車塵何僕僕。名傷神兮寵辱若驚，事掣肘兮進退惟谷。一
真妄兮故知空不空〔4〕，觀微妙兮常有欲無欲。吾將先天後天明月之珠
〔5〕，裁作左仙右仙賓雲之曲。

〔校注〕

〔1〕逐逐：奔忙；匆忙。

〔2〕松楸：松樹與楸樹。

〔3〕鏡盟釵詛：即「折釵分鏡盟」。愛情生死不渝的盟誓。鏡盟：唐孟棨《本事詩·
情感》載：南朝陳太子舍人徐德言與妻樂昌公主恐國破後兩人不能相保，因破
一銅鏡，各執其半，約於他年正月望日賣破鏡於都市，冀得相見。後陳亡，公
主沒入越國公楊素家。德言依期至京，見有蒼頭賣半鏡，出其半相合。德言題
詩云：「鏡與人俱去，鏡歸人不歸；無復嫦娥影，空留明月輝。」公主得詩，
悲泣不食。素知之，即召德言，以公主還之，偕歸江南終老。後因以「破鏡重
圓」喻夫妻離散或決裂後重又團聚或和好。釵詛：本為楊貴妃與唐明皇定情之
物，後用以指楊貴妃。又寓定情、分離等意。

〔4〕真妄：教義名詞。「真」與「妄」的合稱。「真」指真如、真實、不虛妄，所謂
「真心」、「真實」、「真法」等；「妄」指虛妄、虛誑、不真實，所謂「妄心」、
「妄識」、「虛妄法」等。佛教關於一切法的一種分類。微妙：妙，精妙。《老
子》：「故常無欲以觀其妙；常有欲以觀其徼。」

〔5〕明月之珠：像明月一樣明澈晶瑩的寶珠。《戰國策·趙策一》：「李兌送蘇秦明
月之珠，和氏之璧。」

紫溪偶成迴文體〔1〕

鸝黃並柳風飄絮，蝶粉黏花露浥香〔2〕。離別恨深深院靜，少年人去去途長。

〔校注〕

〔1〕紫溪：產紙。宋時設鎮，有驛站，清改市。迴文體：迴文體迴文詩指可以順讀、倒讀、斜讀，交互讀，上下顛倒讀的詩體，有的甚至可以從詩的任何一個字讀起，前後左右，反覆迴旋，無不協音成文。

〔2〕浥：沾濕。

戲作墨竹二本贈鶴林因為之贊

其一

新梢凝翠，落照餘紅。亂鴉噪罷，葉葉清風〔1〕。

其二

一枝嫩綠，數葉老蒼。夜半月明，清露瀼瀼〔2〕。

〔校注〕

〔1〕自注：風筠。

〔2〕自注：露筱。　　瀼瀼：露濃貌。《詩·小雅·蓼蕭》：「蓼彼蕭斯，零露瀼瀼。」毛傳：「瀼瀼，露蕃貌。」

吳　潛

吳潛（1196～1262），字毅夫，一作毅甫，號履齋居士。宣州寧國（今屬安徽）人。先世自宣城遷溧水，潛則生於德清。寧宗嘉定十年為（1217）進士第一。官至吏部員外郎、右丞相兼樞密使、左丞相。著有《履齋遺集》《許國公奏議》等。今錄戲謔詩 29 首。

喜雪用禁物體二首〔1〕

其一

傍海風癡翦水難〔2〕，偷他瑞葉散雲端〔3〕。可須滕巽同宣力〔4〕，坐使顓冥不曠官〔5〕。衣被麥苗攙臘到〔6〕，裝褫花樹借春看〔7〕。明年定賽今年熟，野老心腴更體胖〔8〕。

〔校注〕

〔1〕自注：丁巳十二月六日。

〔2〕翦水：即雪，古人巧將雪比喻為仙人翦（剪）水成花。

〔3〕瑞葉：即瑞雪。唐駱賓王《賦得春雲處處牛》詩：「忻門祥光舉，疏雲瑞葉輕。」

〔4〕滕巽：風雪。滕，滕六，神話中的雪神名。巽，巽二，神話中風神的名字。

〔5〕顓冥：顓通「專」，單純、獨一。專制，獨斷專行。《淮南子・覽冥》：「猛獸食顓民，鷙鳥攫老弱。」冥：玄冥，或作禺強。辭賦神話人物，北方水神。李善注：「季康子曰：『吾聞玄冥為水正』，此即五行之主也。」《山海經・海外北經》：「北方禺強，人面鳥身，珥兩青蛇，踐兩青蛇。」

〔6〕衣，自注：去聲。

〔7〕裝褫：裝裱古籍或書畫，古稱「裝褫」。

〔8〕腴：腹下的肥肉。東漢許慎《說文》：「腴，腹下肥也。」

其二

一帳誰將罩太虛〔1〕，但憐雁字不堪書〔2〕。江山盡在光華里〔3〕，宇宙真成渾沌初。險地豈容呈坎壈〔4〕，荒林無復露空疏〔5〕。休將入蔡功名詫〔6〕，思播新聞卻眾狙〔7〕。

〔校注〕

〔1〕太虛：指具體事物之外的廣大空間。

〔2〕雁字：雁飛成人字形行列。因稱雁行為雁字。歐陽珣《踏莎行》詞：「雁字成行，角聲悲送，無端又作長安夢。」

〔3〕光華：指明亮的光輝。《尚書大傳‧虞夏傳》：「日月光華，旦復旦兮。」

〔4〕坎壈：意為困頓，不順利。杜甫《丹青引》：「但看古來盛名下，終日坎壈纏其身。」

〔5〕空疏：空洞淺薄，沒有實在的內容。

〔6〕入蔡：指李塑雪夜下蔡州，俘吳元濟事。

〔7〕眾狙：比喻受騙上當、被戲弄的人。《莊子‧齊物論》：「狙公賦芧曰：『朝三而暮四。』……眾狙皆怒；曰：『然則朝四而暮三。』」

再用前韻二首

其一

芻水工夫入細難，篩塵屑末粲豪端〔1〕。司寒便合修年譜〔3〕，凌室何妨踐世官〔4〕。惠可立時師受記〔5〕，焦先臥處眾爭看〔6〕。只緣一竅丹成熟，四體那拘瘠與胖。

〔校注〕

〔1〕粲：鮮明。豪端：毫毛的末端。比喻細微之物。豪，通「毫」。

〔3〕司寒：傳說中的冬神。

〔4〕凌室：漢未央宮藏冰室名。《三輔黃圖》：「凌室，在未央宮，藏冰之所也。」我國古代早在西周時，已在王宮建造凌室，並設置「凌人」，負責冬天貯藏冰塊，以備夏天使用。西漢初年營建未央宮時，就修建了凌室。世官：古代某官職由一族世代承襲，謂之世官。《孟子‧告子下》：「四命曰，士無世官，官事無攝，取士必得，無專殺大夫。」

〔5〕惠可：《建中靖國續燈錄》載：「二祖惠可正宗普覺禪師，立雪斷臂，傳鉢授衣。
繼闡玄風，博求法嗣。」

〔6〕焦先：字孝然，世莫知其所出也，或言生漢末。及魏受禪，常結草為廬於河之
湄，獨止其中。冬夏袒不著衣，臥不設席，又無草蓐，以身親土，其體垢污皆
如泥滓，不行人間。或數日一食，行不由邪徑，目不與女子許視，口未嘗言，
雖有警急，不與人語。後野火燒其廬，先因露寢，遭冬雪大至，先袒臥不移，
人以為死，就視如故。後百餘歲卒。

其二

中夜懷歸夢趁虛〔1〕，奈無黃耳寄家書〔2〕。高人不問閉門後，徵士
應思遣戍初〔3〕。壓棟排簷能拉朽〔4〕，穿簾入隙解乘疏〔5〕。遙知山谷皆
封路，食絕腸饑有怒狙〔6〕。

〔校注〕

〔1〕中夜：半夜。《書‧冏命》：「怵惕惟厲，中夜以興，思免厥愆。」

〔2〕黃耳：狗的名字。《述異記》載：陸機少時，頗好遊獵。在吳，豪盛客獻快犬。
名曰：「黃耳」。機後仕洛，常將自隨。此犬點慧，能解人語。又嘗借人三百里
外，犬識路自還，一日到家。機羈官京師，久無家問，因戲犬曰：「我家絕無
書信，汝能齎書馳取消息不？」犬喜搖尾作聲應之。機試為書，盛以竹筒，繫
之犬頸，犬出驛路，疾走向吳。饑則入草噬肉取飽。每經大水，輒依渡者，弭
耳掉尾向之，其人憐愛，因呼上船。載近岸，犬即騰上以速去，先到機家口，
銜筒作聲示之。機家開筒取書，看畢，犬又向人作聲，如有所求；其家作答書，
內筒，復繫犬頸，犬既得答，仍馳還洛。計人程五旬，而犬往還裁半月。後犬
死，殯之，遣送還葬機村，去機家二百步，聚土為墳。村人呼為黃耳冢。

〔3〕徵士：舊稱隱士。顏延之《陶徵士誄》：「有晉徵士，潯陽陶淵明，南嶽之幽居
者也……有詔徵為著作郎，稱疾不到。」朝廷徵聘而不受職者稱徵士。

〔4〕拉朽：摧折朽木，喻不費力氣。《晉書‧劉毅諸葛長民等傳論》：「建大功若轉
圜，翦群凶如拉朽。」

〔5〕乘疏：即乘疏擊懈：出其不意地在這種時機向對方發起猛攻，使對方措手不及，
神志混亂，失去抵抗能力。

〔6〕怒狙：比喻姦佞作亂。唐李商隱《送千牛李將軍赴闕五十韻》：「舟陡祥煙火，
皇闈殺氣橫。……喧闐眾狙怒，容易八鸞驚。」

三用喜雪韻呈同官諸丈不敢輟禁物之令也二首

其一

不用憂他道路難，渾淪宇宙杳無端〔1〕。齊腰若未能逃佛〔2〕，滅跡何妨且棄官〔3〕。節士挺身松柏比〔4〕，田翁滿眼稻粱看〔5〕。明年飽吃宣州飯〔6〕，管取便便此腹胖〔7〕。

〔校注〕

〔1〕渾淪：指事物形質初具，又未分離的狀態。《列子·天瑞》篇：「泰始者，形之始也，太素者，質之始也。形質具而未相離故曰渾淪。渾淪者，言萬物相渾淪而未相離也。」

〔2〕齊腰：用佛門「立雪齊腰」故事。《傳法記》云：「魏沙門神光外覽文籍，內通藏典，理事兼融，苦樂無滯……及聞菩提達磨，風範尊嚴，遂往師之……。其夕會雪大作，光立於砌，及曉而雪過其膝，達磨顧光曰：『汝立雪中，欲求可事？』光泣而言：『惟願和尚以慈悲智，開甘露門，廣度我輩。』……以刃自斷左臂，置之其（達磨）前」，以求安寧。

〔3〕滅跡：從世俗生活中隱退。李白《望終南山寄紫閣隱者》：「何當造幽人，滅跡棲絕巘。」盧綸《秋夜同暢當宿藏公院》：「將祈竟何得，滅跡在緇流。」

〔4〕節士：有節操之人。《韓詩外傳》卷十：「吾聞之，節士不以辱生。」

〔5〕田翁：老農。唐杜甫《遭田父泥飲美嚴中丞》：「田翁逼社日，邀我嘗春酒。」

〔6〕宣州：州名，治所在今安徽宣州市。李白《草書歌行》：「箋麻素絹排數箱，宣州石硯墨色光」。

〔7〕便便：腹部肥滿。《後漢書·邊韶傳》：「邊孝先，腹便便。」

其二

光浮暗室不因虛，凍筆難呵且罷書。可是羞明宜夜後〔1〕，何妨等伴到春初。累茵合念閻閻苦〔2〕，返棹非於故舊疏。堪笑老禪功用狹〔3〕，但能分食飼猨狙〔4〕。

〔校注〕

〔1〕羞明：病名。又名羞明畏日、怕日羞明、畏日、惡日、畏明。

〔2〕累茵：多層墊褥，後因以「累茵之悲」為悲念已故父母的典故。《孔子家語·致思》：「昔者由也事二親之時，常食藜藿之實，為親負米百里之外。親歿之後，南遊於楚，從車百乘，積粟萬鍾，累茵而坐，列鼎而食，願欲食藜藿，為親負

米不可復得也。」閭閻：平民百姓。唐王勃《滕王閣序》：「閭閻撲地，鐘鳴鼎
　食之家」

〔3〕老禪：老禪師。《無門關・安晚續語》：「無門老禪作四十八則語，判斷古德公
　案，大似賣油餅人，今買家開口接了，更吞吐不得。」

〔4〕猨狙：一種獼猴。

四五用喜雪韻四首

其一

不數玄真與木難〔1〕，也休翦彩綴林端。五車自有神朝闕〔2〕，萬寶
非因賈送官〔3〕。老大已殘洄曲夢〔4〕，推敲且作灞陵看〔5〕。忍寒袖手青
燈畔，解字閒書胖〔6〕與胖。

〔校注〕

〔1〕玄真：玉的別名。晉葛洪《抱朴子・仙藥》：「(《玉經》) 又曰：『服玄真者，其
　命不極。』玄真者，玉之別名也。服之令人身飛輕舉。」木難：一種寶珠。《南
　越志》：「木難，金翅鳥沫所成碧色珠也，大秦國珍之。」魏曹植《美女篇》：
　「明珠交玉體，珊瑚間木難。」

〔2〕五車：星名。亦稱五潢。屬畢宿，凡五星。《史記・天官書》：「軫南眾星曰天
　庫樓，庫有五車。」《晉書・天文志上》：「五車五星，三柱九星，在畢北。五
　車者，五帝車舍也，五帝坐也，主天子五兵，一曰主五穀豐耗……其中五星曰
　天潢。」朝闕：朝廷的宮闕，朝見於宮闕。

〔3〕送官：送交官府。《三國志・魏志・田豫傳》「雖殊類，咸高豫節」裴松之注引
　三國魏魚豢《魏略》：「我見公貧，故前後遺公牛馬，公輒送官。」

〔4〕洄曲：古地名，唐淮西拒命，屯重兵於洄曲。在今河南漯河市沙河與澧河會流
　處。

〔5〕灞陵：古地名，本作霸陵。故址在今陝西省西安市東，漢文帝葬於此，故稱。

〔6〕胖，自注：去聲。

其二

富貴家家遣五盧〔1〕，不須乞米效顏書〔2〕。垢除與物重更始，樸散
於今暫復初〔3〕。狡兔迷藏罝罦設〔4〕，遊魚潛伏網應疏。此恩個個當沾
被，莫逐林閒竊芋狙〔5〕。

〔校注〕

〔1〕五虛：堪輿家所謂宅室五種不利於人口的狀況。《宅經》：「宅有五虛，令人貧耗……宅大人少，一虛；宅門大內小，二虛；牆院不完，三虛；井灶不處，四虛；屋少庭院廣，五虛。」

〔2〕乞米：索取糧米。《陳書·宋元饒傳》：「又於六郡乞米，百姓甚苦之。」顏書：顏真卿的書法。

〔3〕樸散：本謂純真之道分離變異。後亦謂淳樸之風消散。語本《老子》：「樸散為器。」王弼注：「樸，真也。真散則百行出，殊類生，若器也。」

〔4〕罝：捕兔網。杜甫《有懷台州鄭十八司戶》：「昔如水上鷗，今如罝中兔。」孟郊《暮秋感思》：「振羽戛浮雲，罝羅任徒爾。」謾：欺騙，蒙蔽。《漢書·匈奴傳》：「是面謾也。」顏師古注：「謾，欺誑也。」

〔5〕芋狙：指賦芋戲狙，形容隱居生活。宋陸游《夢歸》詩：「雲崦鉏畬粟，煙畦挽野蔬。從渠造物巧，賦芋戲群狙。」

其三

戰退妖狐是不難，飛毛散羽息爭端。甕眠但願為逋客〔1〕，靴沒何須慕大官。化化形形隨物付〔2〕，平平坦坦與人看。閉門獨有袁夫子〔3〕，窮餓難磨氣象胖〔4〕。

〔校注〕

〔1〕甕眠：指醉眠。晉畢卓嗜酒，常醉眠於甕側。事見《晉書》本傳。後以「甕眠」稱醉眠。逋客：指詠避世隱士或無官失意者。南朝齊人孔稚珪，博學多才，清高不俗。他見到朋友周顒隱而復仕，大為輕蔑，寫了《北山移文》，對周顒這樣無官則隱，有官則仕的假隱士的庸俗人格，加以嘲諷，並拒絕其再來鍾山。後因用為詠避世隱士或無官失意者的典故。唐耿湋《贈韋山人》詩：「失意成逋客，終年獨掩扉。」

〔2〕化化形形：變化形體，可婉稱人死。宋李石《續博物志》卷七：「臣搏大數有終，聖朝難戀，已於今月二十二日化形於蓮花峰。」

〔3〕袁夫子：指袁陟，宋代詩人。字世弼，號遁翁，南昌（今屬江西）人。蘇軾《贈袁陟》詩：「不見袁夫子，神馬載尻輿。」

〔4〕氣象：指人物的精神風貌，《新唐書·王丘傳》云：「氣象清古，行修潔，於詞賦尤高。」

其四

覆蓋無分實與虛，太平有象史官書。園林底用誇末至〔1〕，山水惟應訪遂初〔2〕。潤到青蔬尤脆美，老添蒼檜更扶疏〔3〕。是中廣莫天同大〔4〕，□□何妨有傲狙〔5〕。

〔校注〕

〔1〕誇末：謂浮誇而不務實。漢王符《潛夫論‧務本》：「今多務交遊以結黨助，偷世竊名以取濟渡。誇末之徒，從而尚之。」

〔2〕遂初：早先；以前。漢蔡邕《協和婚賦》：「考遂初之原本，覽陰陽之網紀。」一本作「邃初」。

〔3〕扶疏：枝葉繁茂分披貌。《呂氏春秋‧任地》：「樹肥無使扶疏，樹磽不欲專生而族居。肥而扶疏則多粃，磽而專居則多死。」

〔4〕廣莫：廣闊空曠。陸龜蒙《奉和襲美酒中十詠‧酒鄉》：「廣莫是鄰封，華胥為附麗。」

〔5〕狙：獼猴。

六用喜雪韻二首

其一

白戰從來號令難〔1〕，不知此令孰抽端。開倉自有齊相國〔2〕，排戶何煩漢縣官〔3〕。坐覺閻浮塵世隔〔4〕，便同佛度化成看。遙思蘇武囚深窖〔5〕，氣力雖微志自胖。

〔校注〕

〔1〕白戰：本指徒手作戰。指「禁體詩」，即不得用某些常用的字眼，本是歐陽修作潁州守時，雪中約客賦詩所創，後蘇軾作守，雪中賦詩，亦傚之，意謂這種做法，如徒手作戰，不持寸鐵。宋蘇軾《聚星堂雪詩》：「當時號令君聽取，白戰不許持寸鐵。」

〔2〕齊相國：指曹參（前？～前190），秦末沛（今江蘇沛縣）人。初為沛獄掾。隨劉邦起事於沛，後封建成侯。漢二年（公元前205年），拜為假左丞相。旋從韓信定魏，攻趙破齊。以左丞相鎮撫齊地。劉邦稱帝，任齊相國。六年（公元前201年），封平陽侯。從劉邦平陳豨、英布之反。相齊九年，以黃老之術治齊，齊國安晏。號稱賢相。惠帝元年（公元前194年），更為齊丞相，次年，

蕭何卒，入漢繼為相國。舉事無所變更，一如蕭何之制。為相 3 年卒。諡「懿侯」。

〔3〕排戶：挨家挨戶。

〔4〕閻浮：亦稱「閻浮提」「南閻浮提」，為須彌山四方的四洲之一。即位於南方的南贍部洲，上面生長許多南贍部樹。「閻浮」即「贍部」，樹名。後泛指人間世界。

〔5〕蘇武：蘇武（？─前60），字子卿。西漢杜陵（今陝西西安東南）人。漢武帝天漢元年（公元前100年）奉命出使匈奴被扣，遷至北海（今貝加爾湖）邊牧羊。匈奴誘降威迫，仍堅貞不屈。至公元前81年匈奴與漢和好，才返回漢朝。

其二

梵宮樓閣正橫虛〔1〕，俯瞰平疇一幅書〔2〕。宿鳥投林迷所自，野貛尋穴失其初。茅柴熟處功非細，榾柮燒來計未疏〔3〕。回首少年觀校獵〔4〕，忽飛一騎射山狙〔5〕。

〔校注〕

〔1〕梵宮：亦稱「梵王宮」「梵仙宮」。佛經原指梵天的宮殿，後泛稱佛寺。南朝梁慧皎《高僧傳·經師論》：「至如億耳細聲於宵夜，提婆揚響於梵宮。」

〔2〕平疇：平坦的田野。李世民《冬狩》：「金鞍移上苑，玉勒騁平疇。」李白《送族弟凝至晏堌》：「兔起馬足間，蒼鷹下平疇。」

〔3〕榾柮：樹根。樂雷發《萍鄉和王堯章韻》詩：「撥殘石炭西窗冷，卻憶山家榾柮煙。」

〔4〕校獵：圍獵。張喬《再書邊事》：「分營夜火燒雲遠，校獵秋雕掠草輕。」

〔5〕山狙：猿猴。

七八用喜雪韻四首

其一

不持寸鐵事應難，何止空空竭兩端。遠麓遮藏山被檄〔1〕，輕冰裁剪水能官。將梁兔苑瀛洲比〔2〕，把蔡鳶池臺閣看〔3〕。獨羨當年灰袋客〔4〕，雪埋氣宇更充胖。

〔校注〕

〔1〕檄：古代用以徵召、曉喻、申討等的官方文書。

〔2〕瀛洲：仙島。李白《夢遊天姥吟留別》：「海客談瀛洲，煙濤微茫信難求。」

〔3〕梁兔苑：梁孝王的苑囿名。後以喻指美好的園林，又指文人雅士會聚宴飲的庭園。

〔4〕鷔池：指漢梁孝王宮苑中池名，在今河南商丘市東南古梁園內。李白《永王東巡歌十一首》（其一）有「樓船一舉風波靜，江漢翻為雁鷔池」。

〔3〕灰袋客：指灰袋道士，唐代道士翟法言晚年弟子。不詳其名。蜀人。佯狂，俗號為「灰袋」。翟法言每戒其徒：「勿欺此人，吾所不及之。」常大雪中著布衣褐入青城山，求僧寄宿，但言容一床足矣。至半夜雪深風起，僧慮其已凍死，就視之，離床數尺，氣蒸如炊，流汗袒寢。曾病口瘡，不食數月，狀若將死。人素神之，為設道場，齋散忽起，乃張口如箕，五臟悉露。後不知所終。唐人段成式所撰《西陽雜俎》記其事。

其二

鏖戰邪川正瞰虛，庚牌裹雪發軍書〔1〕。光搖闕角更傳後，色眩觚稜月上初〔2〕。大抵衣袽須早戒〔3〕，莫教戶牖有時疏〔4〕。喜聞庸蜀群尨吠〔5〕，辟易何分玃與狙〔6〕。

〔校注〕

〔1〕庚牌：庚符。宋王明清《揮麈後錄》卷二：「及握兵之日，受庚牌不即出師者凡十三次。」

〔2〕觚稜：古代皇宮殿堂屋角上翹的呈方角稜瓣之狀的飾物。常用以代指皇宮。《文選・班孟堅（固）〈西都賦〉》：「凌瞪道而超西墉，掍建章而連外屬，設璧門之鳳闕，上觚稜而棲金雀。」唐李善注引《漢書音義》：「應劭曰：『觚，八觚，有隅者也，音孤。』」

〔3〕衣袽：舊絮，破布。《易既濟》：「六四：繻有衣袽，終日戒。」《程頤傳》曰：「繻當作濡，謂滲漏也。舟有罅漏，則塞以衣袽。」

〔4〕戶牖：指門窗、門戶。《老子・第四十七章》載：「不出戶，知天下；不窺牖，見天道。其出彌遠，其知彌少。是以聖人不行而知，不見而明，不為而成。」

〔5〕庸蜀：泛指四川。庸、蜀皆古國名。庸在川東夔州一帶，蜀在成都一帶。尨（máng）：毛多而長色雜之犬。《說文・犬部》：「尨，犬之多毛者。從犬，從乡」。

〔6〕辟易：驚退。李白《行行且遊獵篇》：「海邊觀者皆辟易，猛氣英風振沙磧。」玃：大獼猴。《呂氏春秋・察傳》：「故狗似玃，玃似母猴。」狙：猿猴。

其三

也知天女散花難，束帛戔戔幾疋端〔1〕。富貴何妨還白屋〔2〕，繁華亦欲傲蒼官〔3〕。梁山操裏聲愁聽〔4〕，湘水圖中景喜看〔5〕。爭似寒爐煨芋者，身心何處不休胖。

〔校注〕

〔1〕束帛：捆為一束的五匹帛。古代用為聘問、饋贈的禮物。《易‧賁》：「束帛戔戔。」《周禮‧春官‧大宗伯》「孤執皮帛」。戔戔：形容多。疋：同「匹」，古代長度單位。

〔2〕白屋：白茅蓋頂之屋，或謂不施彩畫之屋。常指隱士居住的房屋。宋程大昌《演繁露‧白屋》：「古者宮室有度，官不及數，則居室皆露本材，不容僭施彩畫，是為白屋也已。」

〔3〕蒼官：松或柏的別稱。唐樊宗師《絳守居園池記》：「又東騫窮角池，研雲曰柏，有柏蒼官青士擁列，與槐朋友。」唐人樊宗師文描述絳守居園池，對樹木作擬人稱謂，把松柏稱作蒼官，宋人用為典實。

〔4〕梁山：古名良山，又有梁山泊、水泊梁山之稱。它位於山東省西南部的梁山縣境內，東靠京杭運河，西臨滔滔黃河，南是廣闊平原，北瀕東平湖。據有關史料記載，漢文帝之子梁孝王曾圍獵良山，病故於此，葬於山麓，遂易名梁山。

〔5〕湘水：古河流名，又稱湘川。今湖南之湘江。《湘中記》云：「湘川清照五六丈下，見底石如樗蒲矣，五色鮮明，白沙如霜雪，赤崖若朝霞，是納瀟湘之石矣。故名」。

其四

有年呈瑞厭孤虛〔1〕，不用東封更獻書〔2〕。雁背嚴凝能備預〔3〕，鵲搜儲蓄善謀初。並衣左伯情何厚〔4〕，穿履東方計莫疏。聞說山林皆凍合〔5〕，徧狙無處覓雄狙。

〔校注〕

〔1〕厭，自注：入聲。　孤虛：古時占卜推算日時之法。天干為日，地支為辰，日辰不全稱為孤虛，也稱空亡。占卜得孤虛，主事不成。《史記‧龜策列傳》：「日辰不全，故有孤虛。」

〔2〕東封：借指封賜爵位或土地。五代韋莊《寄從兄遵》詩：「相逢莫話歸山計，明日東封待直廬。」

〔3〕嚴凝：嚴寒。周賀《冬日山居思鄉》：「大野始嚴凝，雲天曉色澄。」

〔4〕左伯：字子邑。東萊（今山東萊州）人，東漢獻帝時造紙名工。

〔5〕凍合：猶言冰封。《晉書·慕容皝載記》：「皝將乘海討仁，群下咸諫，以海道危阻，宜從陸路。皝曰：『舊海水無凌，自仁反已來，凍合者三矣。』」

九十用喜雪韻四首

其一

不用韓非騁說難〔1〕，異同堅白謾多端〔2〕。恍迷千界現梵國〔3〕，駢集萬妃驅女官〔4〕。要得豶生將罟沒〔5〕，恐他鼉怪作城看〔6〕。道人宴坐蒲團上〔7〕，外景常如內景胖。

〔校注〕

〔1〕說難：《說難》選自《韓非子》，是《韓非子》55 篇中最重要的作品之一。

〔2〕堅白：戰國時期名家學說的一個命題。《莊子·齊物論》：「彼非所明而明之，故以堅白之昧終。」

〔3〕千界：世界，人間。朱熹《導引》：「向來已悟藏千界。今日何勞倒五行。」

〔4〕駢集：聚集得很多。女官：指宮中女官。《周禮·天官》中女官有九嬪、世婦、女御、女祝、女史等。

〔5〕豶：即豬。罟：魚網。為最古老的捕魚器具之一。《說文·網部》：「罟，網也。」《易·繫辭下》：「作結繩而為罔罟，以佃以漁。」

〔6〕鼉：鱷魚的一種，皮可以蒙鼓。《季夏》：「是月也，令漁師伐蛟取鼉，升龜取黿。」

〔7〕蒲團：坐具。以蒲草編織的圓墊。佛道教徒打坐或跪拜時用以為墊，亦供人日常盤腿坐之，今北方農村尚用。唐許渾《送惟素上人歸新安》詩：「尋雲策藤杖，向日倚蒲團。」

其二

臘中三白瑞非虛〔1〕，不慮無冰魯史書〔2〕。薹長新蔬蒙賜後〔3〕，根舒宿麥受恩初〔4〕。憑陵敗絮寒能重〔5〕，撲藜斜窗曉漸疏〔6〕。林杪窮猿應禁口〔7〕，獼孫乞食向公狙〔8〕。

〔校注〕

〔1〕三白：指正月下三次雪，可使莊稼繁茂。《朝野僉載》：「正月見三白，田公笑赫赫。」又引北人諺曰：「要宜麥，見三白。」

〔2〕魯史：魯國的歷史記載。晉杜預《〈春秋經傳集解〉序》：「仲尼因魯史策書成文，考其真偽，而志其典禮。」另一義指《春秋》。

〔3〕薹：薹菜，即油菜。十字花科，一年生草本，油料作物。

〔4〕宿麥：秋種夏收的越冬小麥。西漢時期在北方尚未普遍種植。東漢安帝永初三年（109）秋，今長吏案行所在，皆令種宿麥，向全國推廣。

〔5〕憑陵：依仗，憑藉。

〔6〕撲簌：擬聲詞，形容竹箔顫動的聲音。元白仁甫《唐明皇秋夜梧桐雨》第四折：「撲簌簌動竹箔，吉丁當玉馬兒向簷間鬧。」

〔7〕林杪：林梢，林外。杪，樹梢。杜甫《白水縣崔少府十九翁》：「高齋坐林杪，信宿遊衍闃。」鄭嵎《津陽門詩》：「韓家燭臺倚林杪，千枝燦若山霞摛。」禁口：住口。

〔8〕猢孫：泛指靈長類動物，特指北方獼猴。

其三

今歲鏖寒亦大難〔1〕，裁裘製褐費無端〔2〕。旋添酒興嫌工正〔3〕，旁索詩材喜稗官〔4〕。見晛未消亭午待〔5〕，加霜更潔翌朝看。遙憐掃巷歡娛輩，大體何知小體胖〔6〕。

〔校注〕

〔1〕鏖：通「熬」。戰鬥激烈。《漢書·霍去病傳》：「合短兵，鏖皋蘭下。」顏師古注：「鏖，謂苦擊而多殺也。」

〔2〕褐：古代貧民穿的一種用粗毛或粗麻織的短衣，長僅及膝。褐衣短，故又稱短褐。貧窮者穿，故窮人又被稱為「褐夫」，或「褐衣」。庶民做了官稱為「釋褐」，意謂不再穿褐衣。

〔3〕工正：主管百工之官。掌管百工和官府手工業。春秋時，楚與中原地區的齊、魯、宋等國都設置此官，《左傳》宣公四年有「蔿賈為工正」的記載。或云，楚之工正亦即工尹。

〔4〕稗官：指專門搜集街談巷語、里巷風俗並向皇帝彙報的小官員。《漢書·藝文志》如淳注：「王者欲知里巷風俗，故立稗官使稱說之。」

〔5〕見晛：指天晴日暖。晛，太陽的熱氣。《小雅·角弓》：雨雪瀌瀌，見晛曰消。
　　　亭午：指中午、正午。

〔6〕大體：和「小體」相對。儒家稱心為「大體」。《孟子·告子上》：「從其大體為
　　　大人，從其小體為小人。」趙岐注：「大體心思禮義，小體縱恣情慾。」朱熹
　　　注：「大體，心也；小體，耳目之類也。」

其四

陳年古屋瓦浮虛，穿漏時將被覆書。集謝曾陪上相後〔1〕，映孫難忘
秀才初。磚花似鏤多奇異，簷柱如排少闊疏。吏卒報衙天未曉，老身牽
強類冠狙〔2〕。

〔校注〕

〔1〕上相：對宰相的尊稱。《史記·酈生陸賈列傳》：「足下位為上相，食三萬戶侯，
　　　可謂極富貴無欲矣。」

〔2〕冠狙：即冠沐猴，指胸無大志，難成大業之人。《史記·項羽本紀》：「人或說
　　　項王曰：『關中阻山河四塞，地肥饒，可都以霸。』項王見秦宮室皆以燒殘破，
　　　又心懷思欲東歸，曰：『富貴不歸故鄉，如衣繡夜行，誰知之者！』說者曰：
　　　『人言楚人沐猴而冠耳，果然。』項王聞之，烹說者。」後以此典指人徒具儀
　　　表，而無內才。晉潘岳《西征賦》：「羽天與而弗取，冠沐猴而縱火。」

十一二用喜雪韻四首

其一

水潑衾裯夜臥難，也休暖足喚端端〔1〕。平生自是冰為氏，此際何妨
火紀官〔2〕。無色圖從天地展，有聲畫與古今看。忽思十萬邊兵冷，膚
體相關豈獨胖。

〔校注〕

〔1〕端端：剛剛；恰恰。

〔2〕火紀官：指炎帝。據《左傳·昭公十七年》載，上古之時，黃帝以雲紀官，炎
　　　帝以火紀官，共工以水紀官，太昊以龍紀官，少皞以鳥紀官。

其二

片片穿帷解搗虛〔1〕，夜明細字亦堪書。五車現瑞從今後，一尺呈祥

復古初〔2〕。暖室溫軒人起晏，遠坊窮巷客來疏。茅山見說黃精熟〔3〕，山友迷蹤饜點狙〔4〕。

〔校注〕

〔1〕搗虛：乘虛而擊。《史記·孫子吳起列傳》：「救鬥者不搏撠（jǐ），批亢搗虛。」撠：用手擊刺人。批亢：攻擊咽喉。

〔2〕古初：古時，往昔。《新唐書·褚遂良傳》：「陛下撥亂反正，功超古初。」

〔3〕茅山：古名句曲山，又名三茅山。即今江蘇西南部，地跨今句容、金壇、溧水、溧陽等縣市境之大茅山。南北走向，高峰有丫髻山、方山等。黃精：草名，可入藥，道家認為此草得坤土之精粹，故名黃精。李頎《題盧道士房》：「稽首問仙要，黃精堪餌花。」

〔4〕饜：飽。《孟子·離婁》下：「其良人出，則必饜酒肉而後反。」點：聰明而狡猾。《後漢書·明帝紀》：「吏點不能禁。」

其三

長安貧者再炊難，臛肉蒼頭飫舌端〔1〕。食雪自應還猛將，飲冰只合付清官。尚興塞外鳴弦想〔2〕，剩欲江頭把釣看〔3〕。只恐逢他吹鐵笛〔4〕，骨寒股戰失吾胖〔5〕。

〔校注〕

〔1〕臛：肉羹。《招魂》：「露雞臛蠵，厲而不爽些。」蒼頭：亦作「倉頭」。漢以後私家所屬奴的一種稱謂。《漢書·鮑宣傳》：「蒼頭盧兒，皆用致富」。顏師古注引孟康云：「漢名奴為蒼頭，非純黑，以別良人也。」又《霍光傳》：「使倉頭奴上朝謁」。飫：飽。

〔2〕鳴弦：比喻地方官政簡刑輕。春秋時孔子弟子宓子賤，為魯國單父宰。由於任人得當，他只在堂上彈鳴琴而單父大治，受到孔子的稱讚。後多用此典稱頌地方官政簡刑輕。

〔3〕剩欲：頗想，只願。杜甫《舍弟觀赴藍田取妻子到江陵》之二：剩欲提攜如意舞，喜多行坐白頭吟。

〔4〕鐵笛：指隱者或道士相士所用樂器。《宋史》卷四百六十二《方技列傳·孫守榮》：「孫守榮，臨安富陽人。生七歲，病瞽。遇異人教以風角、鳥占之術，其法以音律推五數，播五行，測度萬物始終盛衰之理。凡問者一語頃，輒知休咎。守榮既悟，異人授以鐵笛，遂去不復見。守榮因號富春子，吹笛市中，人初不

異也，然其術率驗。」又，宋朱熹《鐵笛亭詩序》：「侍郎胡明仲嘗與武夷山隱
者劉君兼道遊，劉善吹鐵笛，有穿雲裂石之聲。」

〔5〕股戰：大腿發抖，形容極其恐懼。丘暹《與陳伯之書》：「聞鳴鏑而股戰，對穹
廬以屈膝。」

其四

只堪閉戶著潛虛〔1〕，欲作遨頭畏簡書〔2〕。乍密乍稀雲凍後，半融
半落雨收初。封條正恐觀梅錯，漬谷猶疑學稼疏。卻喜明朝春稅駕〔3〕，
氣蘇㠻㠻與狙狙〔4〕。

〔校注〕

〔1〕《潛虛》：北宋司馬光著。指神明不測的虛無之道。認為潛虛為宇宙的本源，「萬
物皆祖於虛」，「虛者物之府也」。「氣」雖為萬物「生之戶」，但氣亦「祖於虛」。
「虛」為派生萬物的出發點和終極點，「人之生本於虛，〔虛〕然後形，形然後
性，性然後動，動然後情，情然後事，事然后德，德然後家，家然後國，國然
後政，政然後功，功然後業，業終則反於虛矣」。「氣」則為性、命之源，「氣
以成體，體以受性，性以辨名，名以立行，行以俟命」。宋張敦實作《潛虛發
微論》十篇，進一步闡發其奧義。

〔2〕遨頭：宋代成都自正月至四月浣花，太守出遊，士女縱觀，稱太守為「遨頭」。
宋陸游《老學庵筆記》卷八：「四月十九日成都謂之浣花，遨頭宴於杜子美草
堂滄浪亭，傾城皆出，錦繡夾道，自開歲宴遊至是而止。」簡書：以竹簡編製
而成的書，後泛指書籍、信札。張九齡《冬中至玉泉山寺屬窮陰》：「簡書雖有
畏，身世亦相捐。」蘇味道《贈封御史入臺》：「風連臺閣起，霜就簡書飛。」

〔3〕稅駕：解駕，休息。

〔4〕自注：㠻音翡。　　狙狙：伺機察看。唐韓愈《別趙子》：「又嘗疑龍蝦，果誰
雄牙鬚？蚌羸魚鱉蟲，瞿瞿以狙狙。」

十三四用喜雪韻四首

其一

安西都護肯辭難〔1〕，不怕亡胡起怨端。節義士知堪作使〔2〕，神仙
人豈戀為官。寒肩此際如樓聳，眩眼當年似席看。百丈山中誰築室〔3〕，
是中非隘亦非胖。

〔校注〕

〔1〕安西都護：即「安西都護府」。貞觀十四年（640年），唐朝大將侯君集率兵攻滅高昌國，太宗以其地為西州，並在交河城（今新疆吐魯番西）置安西都護府。貞觀二十二年（648年），遷安西都護府至龜茲，統領龜茲、于闐、碎葉、疏勒四鎮，稱「安西四鎮」。

〔2〕節義：節操與義行。《管子·君臣上》：「是以上之人務德，而下之人守節義。」

〔3〕百丈山：又名百丈嶺。在今江西新餘市東南七十里，接峽江縣界。《寰宇記》卷一百九袁州新喻縣：百丈山「頂闊百丈，因以為名。頂上有葛仙井，井畔有廟」。

其二

瑞氣應纏牛女虛〔1〕，坐令三白歷家書〔2〕。竹寒不用歌週末，粟腐行將紀漢初〔3〕。蟠際混同能廣大〔4〕，方圓成就更通疏。狐猿夜半疑天曉，叫起攀林掛樹狙。

〔校注〕

〔1〕牛女：牽牛、織女二星。杜甫《天河》：「牛女年年渡，何曾風浪生。」

〔2〕三白：見前注。

〔3〕粟腐：《漢書·食貨志》「太倉之粟，陳陳相因，腐敗而不可食。」西漢「文景之治」出現的繁榮景觀。

〔4〕蟠際：充塞天地之間，意謂無所不在。《莊子·刻意》。「精神四達並流，無所不極。上際於天，下蟠於地。」

其三

普博誰云仁道難〔1〕，翦裁妙巧智之端。都將凡物換英物，盡欲熱官成冷官〔2〕。色即是空隨手滅，恩生於害轉頭看。大千界裏毫光徹〔3〕，稽首惟應禮屈胖〔4〕。

〔校注〕

〔1〕普博：普遍、廣博。仁道：指仁愛之道。《溫病條辨·序》：「醫，仁道也。而必智以先之，勇以副之，仁以成之。」

〔2〕熱官：指勢要之官。宋陸游《感遇詩》：「仕宦五十年，終不慕熱官。」冷官：職位不重要的閒官。張籍《早春閒遊》：「年長身多病，獨宜作冷官。」

〔3〕大千界：即三千大千世界。指釋迦牟尼所教化的廣大範圍。毫光：靈覺之光。
　　按釋迦佛眉間有白毫相，放光，係如來三十二相之一，「毫光」之得義與此有
　　關。《法演語錄》卷下：「向去莫言今日事，觀音自在放毫光。」《如淨語錄》
　　卷上：「草木叢林成正覺，磚頭瓦礫放毫光。」

〔4〕稽首：古代的拜禮，為九拜中最隆重的一種，常為臣子拜見君父時所用。行禮
　　時，雙膝著地，叩頭至地，並且要讓頭在地上停留一段時間，以示恭敬。《周
　　禮‧春官‧大祝》賈公彥疏：「一曰稽首，其稽，稽留之字。頭至地多時，則
　　為稽首也。稽首，拜中最重，臣拜君之拜。」《左傳‧宣公二年》記晉大夫士
　　季向晉靈公進諫：「稽首而對曰：『人誰無過？過而能改，善莫大焉。』」士季
　　為臣，故見晉靈公而行稽首之禮。

其四

　　雪邊好景說涵虛〔1〕，欲往從之掣簿書。王道平平須有象〔2〕，皇風
浩浩恐無初〔3〕。舉遮正恐渠難耐，罷掃緣憂彼作疏。翠浪黃雲來歲事，
已應癡望到毚狙〔4〕。

〔校注〕

〔1〕涵虛：包含天空，指天倒映在水中。孟浩然《望洞庭湖贈張丞相》：「八月湖水
　　平，涵虛混太清。」

〔2〕王道：即仁政德治，是孔子政治主張的主要內容之一。《孟子‧梁惠王上》載：
　　「使民養生喪死無憾也。養生喪死無憾，王道之始也。」

〔3〕皇風：指皇帝的教化。漢班固《東都賦》：「觀明堂，臨辟雍；揚緝熙，宣皇風。」
　　晉張協《七命》：「蓋有晉之融皇風也，金華啟徵，大人有作。」唐王昌齡《放
　　歌行》：「清樂動千門，皇風被九州。」

〔4〕翠浪：指禾苗因風起伏而形成的波浪。黃雲：比喻成熟的稻麥。歲事：指一年
　　中應辦的事，也指一年中之農事。《尚書大傳‧略說》：「耰鋤已藏，祈樂已入，
　　歲事已畢。」毚：狡詐；狡猾。皮日休《江南書情二十韻寄秘閣韋校書》詩：
　　「作羊寧免狠，為兔即須毚。」

君異鄭兄出示舊詩，蓋紹定初所信筆也，俛仰三十年矣，戲成口占復歸之〔1〕

　　彈指江湖三十年，淋漓舊墨尚依然〔2〕。人生未必堅如紙，心事淒涼
雪滿顛。

〔校注〕

〔1〕君異鄭兄：不詳。俛仰：低頭抬頭，比喻時間短促。魏曹植《雜詩》之四：「俛仰歲將暮，榮耀難久持。」

〔2〕淋漓：流滴或沾濕貌。韓愈《和虞部盧四酬翰林錢七》：「共傳滇神出水獻，赤龍撥鬚血淋漓。」